「育休世代」のジレンマ

女性活用はなぜ失敗するのか?

中野円佳

光文社新書

序　なぜ、あんなにバリキャリだった彼女が「女の幸せに目覚める」のか？

「へぇ、あいつも女の幸せに目覚めたの」「超バリバリ働いてたのがあっさり辞めちゃってさ、もったいないよね」

社会人6年目で出産した私自身が、友人が、そして、今回のインタビュー対象者を紹介してもらう上で、何度も聞いた台詞《せりふ》だ。いや、思えば社会に出て以来、聞かされ続けてきたことだ。「女は結婚すると皆、あーなっちゃうんだよな」「お前はああいう風になるなよ」。

彼らの目から見れば、結婚・妊娠して、見事に自分も「ああいう風」になったのだろう。戦線離脱。家庭が大事になっちゃう。会社にぶら下がってるだけ。あーあ、残念。もったいないね〜。そう。言う方は簡単である。そして、「ああいう風」の現実を理解していないだけではなく、そこに至った経緯、そこにあった苦悩や葛藤《かっとう》、そして何より、そこに、そうさせる構造があるなんてことは思いも寄らないのだ。

本書の目的は、有名大学を出て就職活動も勝ち抜き、仕事をする気満々に見えた「バリキャリ」女性たちが、制度が整ってきたにもかかわらず、出産後に辞めてしまったり、育児重視にシフトし、仕事への熱意を失うように見えたりするのはなぜなのか、という問いに答えることである。

ここで「バリキャリ」とは、出産後も就労継続を目指し、男性と同等の仕事に就いた総合職女性とする。対象とするのは、その中でも、晩婚化・晩産化に伴う少子高齢化の中ではきわめて優等生的といえる、早い時期での結婚・出産も叶《かな》えた女性たちである。

マクロデータで見れば何の問題もないような、ほしいものをすべて手に入れ、自ら選んだ道を歩んでいるように見える女性たちが強《し》いられている葛藤とはどのようなもので、どのような構造に起因するものなのか。本書では、15人の女性へのインタビュー（質的調査）により、どのような経緯で、どのような思いを抱えながら、ライフコースを選択し歩んでいるのかを明らかにする。

なぜ、あんなにバリキャリだった彼女が「女の幸せ」に目覚める「ように見える」のか。どのような人が、どのような経緯で、どのような状況に置かれて退職しているのか。本書は、その経緯、そこにある苦悩や葛藤、そうさせる構造を解明し、説明することを目指す。

また、付随して、「出産後に就業継続している女性について、意欲が低いように語られがちなのはなぜなのか」「どのような人が、どのような経緯で、どのような状況で、どのような意識で継続しているのか」についても明らかになる。

＊　　＊

本書は、立命館大学大学院に提出した修士論文「均等法改正世代のパラドクス――『男なみ』就職をした女性が出産後に退職するのはなぜか――」を一般向けに再構成し、加筆修正したものである。

私を、この本の執筆に走らせたのは苛立《いらだ》ちだった。好き勝手言われることへの。そして、好き勝手言っている人たちに、的確な説明をできない自分への。「やっぱり育児って大変なんだね」「子ども可愛くて仕事する気なくなっちゃった？」と言われ、たしかに育児は大変だし子どもは可愛いが、そういう問題ではないのだ。

大学を卒業し就職。朝も夜もなく、しかしやりがいを感じつつ働いていた。結婚2年目で「産むタイミングなど計ってたら産めなくなる」との先輩のアドバイスに後押しされ、第1

子を妊娠。しかし、いざ妊娠してみると、様々な制約や自分の中での葛藤が生じ、長期的なキャリア展望は描きづらくなった。

産休に入ってから毎日、言いたいことを言ってくれている文章があるのではないかと、関連本を読み漁《あさ》った。掃《は》いて捨てるほどある両立問題の論文や書籍。これを読んでも書かれていない、あれを読んでも触れられていない……と、読んでも読んでも見つけることができなかったものがあった。

それは、非正規社員などに比べ「恵まれている」、しばしば「自ら主体的に選択している」とされる、男なみに戦ってきた総合職女性の「悔しさ」であり、その悔しさの要因だった。

フェミニズム関係の本を読めば、「男なみ」の女性という、子どもを持つことや結婚すること、仕事を続けることに関して完全に割り切っている、悩みのない鋼鉄のような人間がいるかのようだ。でも、「男なみ」に見えた女だって、人なみに、もしかしたら人一倍、悩むことだってあるし、変化することもあるはずなのだ。

そして何より、誰も問題提起してくれていないと感じたのは、「男なみ」に仕立てあげてきたのは、この社会ではなかったのかということだ。まるで、負けることが決まっているゲームの試合に、ルールを明かされずに出場させられ続けていたような、「蓋《ふた》をあけたら今まで言われてきたことと違った」という感覚。

そういう私たちに対して、世間は、「お勉強ばっかりしてきたからそんなことも分からないのだ」「贅沢《ぜいたく》な悩みですね、もっと弱い立場の人のこと考えたことあるんですか？」と、きわめて冷たい。たぶん、そうだ、私たちは世間知らずの、勉強しろ競争しろと追い立てられるままに勉強し競争してきた、むなしい優等生だったのだ。

でも、じゃあ、そうだとして、そうだからこそ、これは本人たちだけの問題ではなく、優等生だった人たちが涙しなければならないこの社会の構造の問題なのではないか。

その「優等生」たちの多くは、一貫して優等生的であり、決して表立って声を上げないのである。両立で苦しんでいる女性たちは、「こんなばかばかしいゲームやってらんないわよ」とは言わず、「やれなかった自分が悪い」「夫はよくやってくれている」「会社に申し訳ない」「贅沢な悩みなのだ」と沈黙するほうが圧倒的に多い。

でも、それでは社会は変わらない。夫や職場との対話は進まず、後輩や娘たちが、同じように構造に巻き込まれていくだけだ。

一度社会に出て働いていた私には、アカデミックな分野の研究の多くは、働く現場にいる女性たちのリアリティをうまく掬《すく》い取れているようには思えなかったし、政府の審議会や報告書に溢《あふ》れる耳にタコができそうな結論が、私たちの現実を良くしてくれる感覚もなかった。

アカデミックな領域の蓄積を使いながら、当事者であり同世代のリアリティを感じている私が、研究の分野に足を踏み入れることで、言えることがあるのではないか。そう考え、妊娠9カ月のお腹《なか》を抱えて大学院の入試を受けに行った。

＊　＊

インタビューにとりかかっていた2012年末、第2次安倍政権が誕生し、女性活用が打ち出され、多くのメディアが、その課題について取り上げるようになった。メディアでよく使われるのが、「男女雇用機会均等法から〇〇年経《た》ったにもかかわらず」「均等法から四半世紀になるが」という表現だ。

しかし、本書では、実質的に子育てをしながら働き続けるための制度が整い、企業の採用行動にも変化が見られたのは、均等法や育児・介護休業法などの改正が出揃《でそろ》い、「育休」が定着した2000年代以降であると考え、その後に就職・出産した世代の状況を追う。

1章では社会的背景と、先行研究をふまえた本書の問題意識を説明する。2章では歴史的経緯と、本書で扱う「育休世代」の育った時代背景について触れた上で、15人のインタビュー対象者がどのような人たちなのかをつかんでもらう。論文では「問題設定」「先行研究」「調査・分析方法」などの部分にあたり、「かったるい」と感じた読者はナナメ読みして次に進んでもらえればと思う。

3〜5章では、実際に15人の発言をもとに、職場環境（3章）、夫との育児分担（4章）、親やベビーシッターなどを使う際の育児意識（5章）を分析する。6章では、それまでの分析をもとに明らかになる15人の「志向」の類型が、どのように形成されたのか、育った環境に焦点を当てる。7章では、15人それぞれの経緯を時系列的に振り返りながら、育休以降の経路がどのように分かれていくかを総括する。

3〜7章には15人の発言がちりばめられているので、女性は自分に近い人を探して発言を追うなど、共感しながら読んでもらえればと思う。逆にここが冗長に感じられて結論を急ぐ人は、2章の後、8章に飛んでもらっても構わない。

8章では、論文の考察・結論部分の文面を、あえてあまり直さずに掲載している。本書のサブテーマの「女性活用はなぜ失敗するのか？」（「女性活用」という言葉は、政府・企業目線で好きではないが）を理解したい人には、特に8章の1〜3節を読んでいただきたい。

目次

4章　期待されない「夫」――115

1章 「制度」が整っても女性の活躍が難しいのはなぜか？

（1）辞める女性、ぶら下がる女性

制度はそれなりにできた。共働き世帯数は、とっくに専業主婦世帯数を超えている。「ロールモデル」として完璧ではなくとも、仕事と育児を「両立」している先輩たちも増えてきた。なのに、どうしてこんなにまだまだ私たちは苦しいのか。

男女平等に何の疑いもなく過ごしてきた。雇用機会も、四半世紀も前に均等になったはずだった。なのに、どうして女性だけが、子どもを産んだとたんに「問題」を抱えることになるのか。

仕事と育児は、まだまだ二者択一なのだろうか。特に、「充実した仕事」と、「十分な育児」の両方を望むことは、今なお贅沢で欲張りなことなのだろうか。

女性の労働をめぐる問題は幅広い。特に女性の半数以上を占める非正規社員では、妊娠解雇など不合理な環境に置かれることも多い。しかし、比較的恵まれていると捉えられている、高学歴で正社員、しかも総合職に就いた女性たちにも葛藤がないかというと、残念ながらそうでもない。

正社員も辞めている

「6割の女性が出産後に退職する」というデータは、第2次安倍晋三政権が打ち出した「女性活用」路線もあり、ずいぶんと有名になった。

この根拠の1つとなっているのは、国立社会保障・人口問題研究所の「第14回出生動向基本調査」だ。2005〜09年に出産した夫婦への調査で、妊娠時に就業していた女性のうち、出産後（子どもが1歳時点）に就業を継続していた割合は、38・0％にとどまる。

育児・介護休業法は、1991年の制定以来、3度改正されている。2001年には短時間勤務制度の対象が3歳までに延長。2005年には、保育園に入れなかった場合などに育休が1歳6カ月まで延長できるようになり、2009年には男性の育休取得を促す「パパ・ママ育休プラス」が導入されるなど、制度は拡充されてきた。

しかし、制度の恩恵を受けられるはずの正社員でも、52・9％と半数近くが、第1子の出産を機に仕事を辞めている。同調査は子どもが1歳時点をベースとしているが、1年以上の育休の取得後や、復職後しばらくしてから退職する人たちも入れれば、「就労継続率」はもっと低くなりそうだ。

高学歴女性でも低い就労率

日本は海外と比べて、高学歴女性の就労率が低い（大沢・難波2011）。25～64歳の大学・大学院卒の女性の就業率は66・9％と、ＯＥＣＤ加盟国の中で下から3番目だ（２０１０年）。欧米では、高学歴女性が男性と同等の地位に就き、男女格差を縮めることができた反面、教育年数が短い女性がこの動きについていけていないことが問題視されている。しかし日本は逆で、高卒者よりもむしろ、大卒者の間での就労率の男女格差が大きいのだ。

背景として、一度退職した女性が、子どもが成長した後に労働市場に戻ろうとすれば、ほとんどがパートなどの非正規雇用に限られてしまうという現状がある。たとえば、２００１年に産まれた子どもの母親を対象にした21世紀出生児縦断調査では、出産1年前に常勤だった女性は全体の32・8％だが、子が1歳半時点では15・2％まで落ち込み、小学5年生となる第11回調査時点でも、2割弱にとどまる。これに対し、パート・アルバイトは出産前16％だったのが、全体の42・5％を占めるようになる。

本来、時間が短くても専門知識を発揮した仕事に就くことは可能なはずだが、日本ではパート就労が低スキルの職種に限られる傾向が強い。高学歴に見合う就業機会や昇進機会が開かれていないために、大卒の就労率が低くなるというわけだ（白波瀬2009）。

高学歴で能力がある女性たちも、一度辞めてしまえばその能力を生かせる機会が少ない。そんな現実でもなお、恵まれた正社員のポジションを手放す女性は、自ら好んで会社を辞めていくのだろうか。

女性の「意識」が低いのか

制度が整ってきたからこそ、高学歴・正社員の女性の就労や活躍の可否は、本人の意識や意欲の問題として理解される面が大きい。日本生産性本部の調査では、「女性社員の活躍推進上の課題」として、回答企業の4分の3が「女性社員の意識」を挙げている。男性上司の女性社員に対する見方でも、「昇進や昇格することへの意欲が乏しい」（72・9％）、「難しい課題を出すと、敬遠《けいえん》されやすい」（64・5％）という項目が賛同を得ている。

彼女たちは、本当に自ら仕事を辞めたり、活躍を敬遠したりしているのだろうか。そもそも、育った環境に比較的恵まれ、就職してからも色々な選択肢を持っているように見える女性たちは、どのような意識で仕事と出産・育児に臨《のぞ》み、どのような計画を立て、その計画はどこまで実現しているのだろうか。様々な障壁を抱えてキャリアを断念する人と、環境に恵まれて就労継続できる人は何が違うのか。個人の「意欲」の問題なのか、それとも経緯や環境、状況によるのだろうか。

制度が整ったはずなのに、どうして総合職正社員の女性が出産後に退職するのか——。これが本書の1つ目の問いとなる。

「ぶら下がり」社員への批判

「我が社は育休取得率が100％です」。女子学生向けの就職活動セミナーなどでは、育休取得率を誇示する企業も出てきた。

たしかに、法律で定められていても、中小企業などでは実質的に育休が取れないこともある。非正規社員など、制度の恩恵に預かれない女性もまだまだ多い。しかし、法律を守っている企業で、正社員女性の取得率が上がるのは当然だ（育休取得率を自慢するのなら、男性の取得率を開示してほしい）。問題は育休を取得した後である。

制度を充実させた大企業を中心に、「女性活用」の課題は、「退職をいかに防ぐか」から、「育休以降、いかに活躍してもらうか」に焦点が移りつつある。

そんな中、うまく活躍を後押しできていない企業では、育休取得後の女性に対して厳しい見方も浮かび上がる。育児中の女性は「ぶら下がり」「お荷物」。制度を使うだけ使って、会社に貢献しない。育休を取ったはいいが、２人続けて産んで、７年も会社に来ない——。このような評判は、的を射たものなのだろうか。悪いのは女性たちなのだろうか。

厚生労働省の平成23年度雇用均等基本調査によると、課長相当職以上の管理職に占める女性比率は６・８％にとどまる。労働政策研究・研修機構の調査では、管理職になる女性が少ない理由として企業側が挙げているのは、まず、そもそも継続している女性の数が少ないこと。その他、「男性同様の働き方ができない女性が多い」「管理職になると職責上、休日労働・残業、出張・転勤への柔軟な対応等が求められる」「近年、仕事と育児等の両立支援策が充実した結果、その利用率の高い女性のキャリアアップのタイミングが遅れる」などだ。

家事・育児の分担が女性に偏《かたよ》ったままで、女性たちに男性同様の働き方を求めることは適切なのだろうか。両立支援方策の利用率が高いとキャリアアップのタイミングが遅れるのは当然のことで、いたしかたないのだろうか。

「ぶら下がり」を生み出す構造

女性が活躍できない問題の原因を、女性側ではなく、企業側に求めている研究もある。

元新聞記者からアカデミックな世界に転じた萩原久美子（2006）は、著書『迷走する両立支援』で、企業内で子どもを産んだ女性が戦力外通告されている現状と、職場で両立支援と均等推進が結びついていないことの問題点を鮮やかに描きだしている。労働研究が専門の熊沢誠（2000）は、女性自身が、配置によって仕事に面白みが感じられなくなり、家事や育児の方が魅力的に思えてくる構造を指摘している。

本書では、萩原や熊沢の問題意識をベースに、「ぶら下がり」と呼ばれるような女性たちが、具体的にどのようにこのような構造を経験していて、どのように「ぶら下がり」になっていくのかについても解き明かしていきたい。これが2つ目の問いとなる。

「ぶら下がり」という言葉に嫌悪感を抱く読者もいるかもしれない。たしかに、本来であれば当然の権利を行使している女性への非難の意味合いを含み、その呼び方はおそらく適切ではない。また、仕事に対する高いモチベーションを失うことを指しているのであれば、男性社員や子どものいない社員にだって、「ぶら下がり」になるケースは往々にしてあるはずだ。

ただ、出産後に昇進・出世が限定される「マミートラック」（母親向け就労パターン）に乗ってしまい、その状況を「甘受《かんじゅ》」する女性を「ぶら下がり」と非難する人たちに反論するためにも、ここではあえてこの言葉を使いたい。本書では、それが非難される行動であろうがなかろうが、育休以降に「ぶら下がり」とならざるを得ない構造が悪いのであって、女性たち側の問題ではない、ということを明らかにしていきたい。

まだまだ女性が正社員として働き続け、活躍することのハードルは高い。特に、総合職の場合、長期的に活躍できるか否かという見通しは、女性自身のやりがいや長期的なキャリア展望につながり、就労意欲そのものにも影響してくる。本書では、働く女性の育休取得後の就労問題を、仕事の質も含めて検討していきたい。

(2) どんな女性が辞めるのか？

出産後に高学歴女性が退職している理由は何か。簡単に推測できる答えの1つは、「そんなの、夫が高収入だからだよ」というものだ。

しかし、夫の収入は背景の条件にはなっても（夫の収入が低いと辞めたくても辞められない人はいる）、同じ条件を抱える人たちの退職・継続を決める決定要因にはなっていない。夫の所得が上がるにつれ妻が働く比率が下がる傾向は「ダグラス・有沢の第二法則」と呼ばれるが、共働きがあたりまえになりつつある現在、強い相関は見られなくなっている（橘木・迫田 2013)。

もう1つのよくある推論は「始めからそのつもりだったんじゃないの」というものだ。この妥当性を調べるには、大学卒業時の意識や理想のライフコースとの関連を見ればいい。しかし本当はもともと辞めるつもりだったとして、「なぜそうなったのか。本人の選択ならそれでいいのか」という疑問も同時にわいてくる。この問題については本書を通し説明していく。

出産後に働き続けることを可能にする要因

まずは、夫の収入や本人の意識も含め、どのような条件が、出産後の就労継続を促進、あるいは阻害するのかについて、家族社会学や労働経済学などでされてきた数多くの先行研究を振り返ってみよう。これまでの研究を整理すると、主に「**職場環境要因**」「**育児資源要因**」「**意識要因**」の3種類に分けることができる。

職場環境要因では、官公庁勤務や専門職であることや、育休の取りやすさ、育休以外の短時間勤務制度の有無、労働時間帯といった職場の制度や風土、昇進の見込み、本人の所得の高さなどが就労継続を促進する要因として指摘されている。

育児資源要因については、多くの研究で、親の同居近居や支援が就労継続を後押しすることが分かっている。夫の家事参加も就労継続にプラスに働く反面、保育所の利用可能性については、必ずしも就労継続に効果が出ていない。

意識要因では、大卒時の就労意識や、想定していた理想の人生像が効《き》いているとの研究がある。子どもの地位達成リスク意識、母親役割意識が強いと、就労継続をあきらめるケースが多いことも明らかになっている（P33・資料1「就労中断研究文献リスト」を参照）。

「要因」を抱えることになった経緯への視点

このような過去の研究を受け、企業や社会がより継続しやすい条件を整えてくれれば、就労継続できる女性は増えるだろう。

一方で、働く私たち自身は、これらの「要因」の解明にがっかりさせられる面もある。たとえば官公庁勤務や親の同居が就労継続に効果的だと分かったところで、そんな条件を選べる女性は限られている。すでにそうでない環境にいて、そこから抜け出せない女性たちもどうしようもない。

また、これまでの就労中断要因研究の多くは、出産前後の状況を変数としており、個々人がどのような経緯で職場環境や育児資源を得られたり得られなかったりするのかについては、必ずしも明らかではない。

継続できる条件が分かっていたとしても、それを自ら揃えられるとは限らない。場合によっては、社会の側に条件を選びにくくしている構造があるかもしれない。とすれば、就労継続しやすい職場環境や育児資源を確保できなかった女性たちが、なぜ継続しづらい「要因」を抱えてしまうことになったのかにも、注目する必要があるのではないだろうか。

また「要因」は、あるとき突然、それぞれ独立に、女性個人に降りかかってくるわけではない。相互に関係したり、時点により変化するものもあるだろう。これまでの調査研究でも、複合的な要因が、それぞれどの程度の強さで効いているか計量的に調べているものはある。

しかし、これから就職や出産をする女性が、どのようにライフコースを計画すればいいのか、企業が女性を活用する上でどのように支援をしていけばいいかを考える上では、それぞれの要因が相互にどのように時系列的に関係しているのかも重要なはずだ。どのような経緯で意識を身につけたのか、その後、ライフイベントを重ねるごとに、どのように意識が変わって「要因」が醸成されていくかにも、注目する必要があるのではないだろうか。

「就労中断要因研究」が、マクロな環境改善への提言としてだけではなく、新たに就職し、

資料1　就労中断研究文献リスト

岩澤美帆	(1999)「だれが『両立』を断念しているのか――未婚女性によるライフコース予測の分析」『人口問題研究』(55-4) pp.16-37.
岩澤美帆	(2004)「妻の就業と出生行動：1970年～2002年結婚コーホートの分析」『人口問題研究』(60-1) pp.50-69.
大内章子	(1999)「大卒女性ホワイトカラーの企業内キャリア形成――総合職・基幹職の実態調査より」『日本労働研究雑誌』(41-9) pp.15-28.
岡本英雄	(2000)「日本型雇用慣行の変化と母親意識」目黒依子・矢澤澄子編『少子化時代のジェンダーと母親意識』新曜社
坂本有芳	(2012)「出産離職のイベントヒストリ分析――均等施策とワーク・ライフ・バランス施策への示唆」『社会科学研究』(64-1) pp.90-113.
滋野由紀子 大日康史	(2001)「育児支援策の結婚・出産・就業に与える影響」岩本康志編著『社会福祉と家族の経済学』東洋経済新報社
仙田幸子	(2002a)「大都市圏の女性のフルタイム継続率にかかわる要因の検討」『家族社会学研究』(13-2) pp.63-72.
仙田幸子	(2002b)「既婚女性の就業継続と育児資源の関係――職種と出生コーホートを手がかりにして」『人口問題研究』(58-2) pp.2-21.
高見具広	(2012)「出産・育児期の就業継続における就業時間帯の問題――復職後の同一就業継続に焦点を当てて」『社会科学研究』(64-1) pp.69-89.
西川真規子	(2001)「高学歴女性と継続就労――就労選好と就労行動の関係を探る」脇坂明・冨田安信編『大卒女性の働き方――女性が仕事をつづけるとき、やめるとき』日本労働研究機構
松田茂樹	(2005)「男性の家事・育児参加と女性の就業促進」橘木俊典編著『現代女性の労働・結婚・子育て――少子化時代の女性活用政策』ミネルヴァ書房
丸山桂	(2001)「女性労働者の活用と出産時の就業継続の要因分析」『人口問題研究』(57-1) pp.3-18.
平尾桂子	(1999)「女性の初期キャリア形成期における労働市場への定着性」『日本労働研究雑誌』(41-9) pp.29-41.
本田由紀	(2005)「子どもというリスク」橘木俊典編著『現代女性の労働・結婚・子育て――少子化時代の女性活用政策』ミネルヴァ書房

子どもを産む女性たち個々人への示唆《しさ》につながるためには、一人ひとりのライフコースに着目した質的な研究が必要だろう。

「女性自身の選択」だからいいのか?

女性の人生選択については、「自分で選んでいる」ことが、その選択肢を正当化する根拠とされることが多い。

専業主婦願望があったんでしょ。育児や介護などのケア労働を積極的に引き受けているのではないか。一般職で寿《ことぶき》退社、という腰掛け的なキャリア（最近では「ゆるキャリ」とか「ハピキャリ」とか）は、女性自身が望んで選んでいる道だ——と。

そのような疑問に対し、フェミニズム系の研究者たちは、男性稼ぎ主モデルの社会では、主婦やケア労働、腰掛け的なキャリア選択が合理的になってしまう構造を指摘・批判してきた（上野 2003、川口 2008、山根 2010）。

それなりの稼ぎを確保できる夫を得て、良好な関係を築けているうちは、女性は家庭重視で生きる方が夫婦として合理的な選択になる。不平等な社会を前提とすれば、そこにうまく乗っかるしたたかな戦略を取る人が出てくるのは当然だ、と。

しかし、彼女たちは、異なる社会条件や選択肢があっても、その道を選ぶだろうか。たとえば「男性も女性も同じように仕事をしながら、十分に育児の時間も取れる」といった選択肢があっても、専業主婦や一般職になりたがるのだろうか。

「自分で選んでいる」の内実は、既存社会の構造や本人が置かれている状況を所与《しょよ》のものとして、選ばざるを得なかったり、選ばされているものであったりする可能性がある。

人の選択には、社会規範をどの程度内面化しているかということも大きく影響を与える。教育社会学などでは、男女の役割についての社会的通念（ジェンダー）を子どもが規範として身につけていく過程を、「ジェンダーの社会化」と呼ぶ。

Facebook のＣＯＯ、シェリル・サンドバーグの著書『LEAN IN（リーン・イン）』（日本経済新聞出版社、２０１３年）でも、男性に比べて女性が手を挙げようとしない傾向が描かれているが、これも長らく研究されてきたことだ。

女性は学業達成や社会的地位の達成、就労を継続することへの意欲（アスピレーション）が冷却（cooling out）され、男性を打ち負かすことに「成功不安」を覚えるということが、これまで指摘されてきた。

「冷却されなかった女性たち」への抜け落ちた視点

女性の人生選択についての多くの研究は、「なぜ女性が男性と同じような高キャリアを選ばないのか」に注目したもので、男性と同じように競争して、出産後も働き続けようと考える女性たちは、対象からこぼれおちてきた面がある。

高キャリア志向の女性への関心のなさは、女性の権利を訴えてきたフェミニズムにも言える。「男なみ」になれない女性たちが男性より劣《おと》るものとして位置づけられる問題を論じる中で、フェミニズムが守り闘うべきは、「男なみ」になれない女性たちの権利だった。「男なみ」になった女性たちは、「名誉男性」として男性側に行ってしまった女性たちであり、守るべき範疇《はんちゅう》どころか、むしろ敵対する存在のように扱われてきた。

また、女子学生の専業主婦志向や腰掛け的キャリア意識を問題視する中で、就職前の時点で「両立志向」でさえあれば、「ジェンダーの社会化」がされなかった成功事例のように捉えられ、実際にその人たちがその後、希望通りの人生を歩めたかどうかには、あまり関心が払われてこなかった。

いわば「意欲が冷却されなかった女性たち」は、どのように「男なみ」を目指したのか。子どもを産むことや育てることと最初から矛盾を孕《はら》んでいる「男なみ」労働を、子どもを持たないと決めたわけではない女性たちがあえて選んでいるように見える経緯や背景はなぜか。どうして困難と思えるようなプロセスに立ち入っていくのか、その後の人生はどうなっているのか。一度「男なみ」になれば、女性の悩みとは無縁なのだろうか。

取り残された問い

ここからはややアカデミックな説明になるので、関心がない人には次章に進んでほしい。

以上の先行研究の整理から、高学歴女性のライフコースについて、⑴「高学歴女性の就労中断要因研究」と、⑵「ジェンダーの社会化研究」には、主に2つの観点で先行研究が不在の領域があり、そこに、「実際に女性個人はどうしたら就労継続を叶えることができるのか」を考える上で取り残された問いがあることが分かる。

先行研究が不在である問いの1つ目は、教育社会学などを中心とするジェンダーの社会化研究が扱ってこなかった「意欲（アスピレーション）を維持し、出産後も就業継続を志向する女性（女子学生）」が、どのような経緯でどのようなキャリア意識や展望を持つようになったのか、その後の意欲（アスピレーション）がどうなったかについてである。

2つ目は、⑴と⑵の狭間《はざま》にある、就職前後から出産前までの経緯である。

図1　本調査の位置づけ

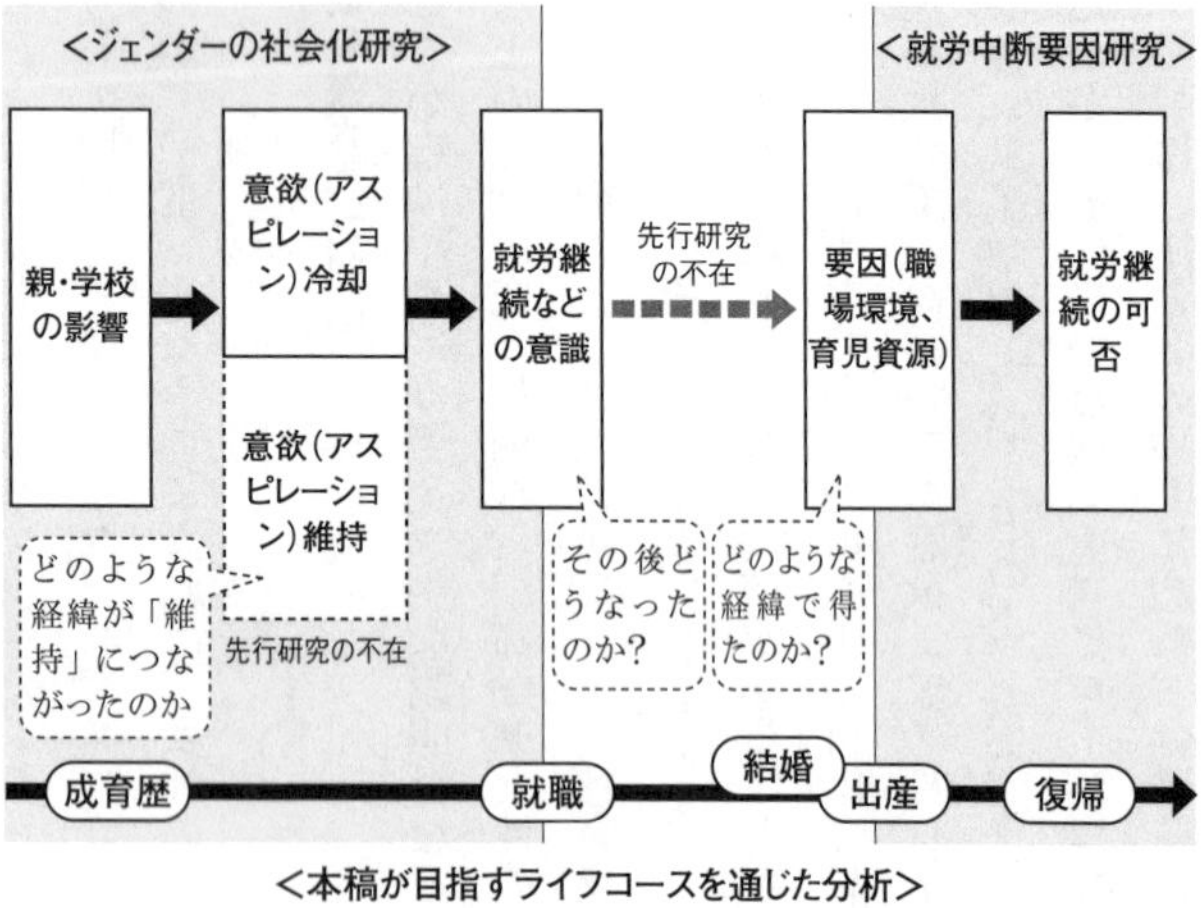

⑵では、女性たちが学生時代に描いていたキャリア展望を、実際に実現できているかまで追っているものは少ない。一方、⑴では、出産時の要因を分析しているものが多く、どのような経緯で職場環境や育児資源を得てきたのか、経緯に着目したものは見当たらない。

意識要因として、就職時に就労継続の意志があったかについて触れているものはあるが、就労継続を志向する女子学生の中で、実際に就労継続をする環境を自ら整えているかどうかはほとんど扱われていない。このような先行研究の課題を図示したのが図1である。

本書の「問い」

これをもとに、本書の問いを再定式化すれ

ば、以下のようになる。

〈ジェンダーの社会化過程で意欲（アスピレーション）の冷却を経験しなかった女性が、就労継続を志向して就職をしたのち、結婚・出産し、退職せざるを得ないのはなぜなのか〉。付随して、〈仕事を継続していても、出産後に意欲が冷却しているようにみなされがちなのはなぜか〉についても考える。

平易に言い換えれば次のようになる。


男性と同等に仕事をバリバリしようとやる気に燃えていた女性が、ずっと働き続けるつもりで就職していたのに、結婚や出産をして結局会社を辞めていくのはなぜなのか。

〈会社を辞めていないケースについて、「ぶら下がり」と揶揄されるようになるのはなぜか。〉


特に、職場環境や育児資源を獲得する経緯に着目し、就労継続を叶えることができたケースとできなかったケースの意識や行動の違い、その背景や構造を明らかにすることを目指す。

ここでは対象を、従来、ジェンダーの社会化研究が中心的に扱ってこなかった「意欲を維持してきた女性」に絞り、就労継続志向を持ち、男性と同等の条件で働く総合職に就いた上で、妊娠・出産をした女性を扱うこととする。また、条件を揃えるため、結婚していること、親の支援を日常的には得ていないことを前提とする。

分析にあたっては、単に同一企業を退職したか継続しているかではなく、本人の当初のキャリア展望や行動の意味合いを重視した。

なお、従来の研究は、学業を達成することや意欲を持ち続けて就労継続することに肯定的価値を置いた上で、男性に比べて女性が、そのような「成功」に対する意欲を「冷却」されたり「成功」を手に入れられなかったりすることを問題視している面がある。また近年、少子化対策や女性活用策として政府や企業が打ち出している施策は、女性が子どもを産み、かつ意欲を維持しながら働くことに価値を置いている面がある。

こうした価値観を絶対視することはできないものの、地位や収入獲得手段が男性に有利に配分されている社会で女性の地位向上を目指すには、既存社会の価値を前提として、学業達成や就労継続に価値を置かざるを得ない現実がある。企業や社会の変革を促すためには、企業側の利益や経済全体の維持・発展につながるかという観点も必要であると考える。

そこで、本書では、同じ立場から出発して「意欲（アスピレーション）の冷却」を扱いつつも、8章で、こうした既存研究に男性中心主義的な価値観が含まれている問題点も指摘することになる。

本書では、ジェンダー（男女の役割についての社会的通念）について、社会に男女の権力構造を含む秩序があることを指摘する上で、「ジェンダー秩序」という概念を使用する。江原由美子（2001）は、「ジェンダー秩序」を、「状況」や「社会的場面」のいかんを問わず、「性別カテゴリー」と一定の「行動」「活動」を結びつけるパターンとし、特にそれを規定するものとして、「性別分業」と「異性愛」が「男」を「活動の主体」「性的欲望の主体」に、「女」を「他者の活動を手助けする存在」「性的欲望の対象」としているとする。

本書ではこの説明を参考に、女性を男性のサポート役、性的対象とするような社会的圧力や風潮を「ジェンダー秩序」と呼ぶ。

2章　「育休世代」のジレンマ

（1）働く女性をめぐる状況の変化

2012年末に第2次安倍政権が誕生、成長戦略として女性活用が打ち出された。各方面でこぞって「女性活用」シンポジウムが開かれ、高い地位を達成した数少ない女性たちが引っ張りだこになっている。このようなシンポジウムを聞きに行く度《たび》、私はかすかな違和感を覚える。

ベンチャー企業経営者や若い管理職女性たちは、しばしば自身が「女性初の～」という枕詞《まくらことば》で呼ばれたり、活躍している女性の代表選手のように扱われたりすることに戸惑《とまど》いながら、言い訳のように次のような主張をする。

「私の場合は、女性ということで苦労したことがないのですが……」

男とか女とかいうことではなく、優秀だから今のポジションにいるのだろうが、聞いている側としてついつぶやきたくなるのは、「子どもがいなければ、そりゃそうだろうなあ」という、やや屈折した賛同である。

私は彼女たちを非難したいわけでは決してない。取り上げる側が本人の意に反して「女性」を強調するのが悪いのだし、社会的地位の高い女性であれば女性を代表できるだろうと考えるのも短絡的だ。もっと言えば、彼女たちがわざわざ女性扱いをされてこなかったことを主張せざるを得ない背景として、女性ゆえに「ゲタをはかせてもらっている人」がいるという臆測や非難がはびこっている社会全体の問題もあるだろう。

一方、男女雇用機会均等法施行以前など、明らかに女性が差別されていた時代に、子どもを産みながらすさまじい苦労と努力を重ね、今の地位を勝ち取っている女性たちの苦労話を聞くこともしばしばある。このような苦労話は、若い女性たちに、「制度も何もない時代にこんなに努力した人たちがいるのなら、私も頑張らなきゃ！」と思わせる効果はある。

しかし、お茶くみからスタートし、自分以外に女性がいない中で、何十年もかけて信頼を勝ち取ってきたストーリーを聞いて、感銘を受けることはあっても、共感を覚えることは少ない。今、まさに仕事と育児に挟《はさ》まれている世代が抱えている課題・悩みや求めている対策は、現在、すでに地位を達成している女性たちのそれとは、大きく異なってきているからだ。

少し歴史を振り返りながら、今の両立世代の置かれた社会的背景を確認してみよう。

雇用機会均等法施行前後と「一般職」

今の若い世代には、もはや信じ難いかもしれないが、戦後、多くの企業では、女性の結婚退職制や、男女別の定年制（「女性は30歳」など！）といった露骨《ろこつ》な男女差別があった。法律上も、過酷な労働から保護するためとはいえ、女性に対して深夜業務の制限などがあった。

これに対し1970年代後半以降、女性差別撤廃への動きが国際的に強まり、男性と同等に働く権利への要求が高まった。

1986年の男女雇用機会均等法（以下、均等法）施行は、男女平等を求める動きの1つの成果ではあったが、当初から女性団体は、決してこの法律を歓迎してはいなかった。募集・採用や配置・昇進での性差別の禁止が努力義務にとどまり、不十分な内容であったためだ。「総合職と一般職」という職種は、今では一般的な用語のように使われているが、実は誕生したのは均等法以降である。それまでのような露骨な差別ができなくなったために、多くの企業は一種の「抜け道」として、「コース別人事管理」を考え出した。

女性団体が警戒したとおり、企業は「コース別人事管理」によって、実質的には「総合職」を男性が、「一般職」を女性が選択するように誘導し、男女差別は職種差別という、より見えにくい形に変わって温存された（奥山 2009、遠藤 2011）。

一方、同時期に労働者派遣の範囲拡大が進んだこともあり、バブル崩壊以降は、派遣社員などの非正規社員が急速に増加した。

このような動きにより、均等法によって男女平等は達成されるどころか、女性たちは男女平等を達成したほんの一部の「男なみ」女性と、大多数の貧困に陥《おちい》った女性に分断されたとの指摘がある（中野2006）。

（なお現在では、「一般職」は契約社員などに置き換えられて減りつつあるものの、実質的には女性がほぼ100％を占める職種が、名称を変えて残っている企業も多い。企業によっては、「一般職」でも職務の範囲や管理職登用の道が広がるように制度を変え始め、状況は多様化している。背景には、辞めなくなった女性が増え、年功序列的に基本給が上がる中で、「給料なりの働きをしてもらわなくては」と考えた企業側のご都合主義的な側面がある。ただ、非正規社員の立場がより脆弱《ぜいじゃく》であるのに比べると、一般職はかなり「マシ」なポジションになりつつある。）

均等法以降も厳しい総合職女性の環境

さて、非正規雇用の女性が置かれた環境が問題視される一方、「男なみ」になれた女性たちはどうだったのだろうか。

均等法施行直後に採用された第1世代について、ライターの田中亜紀子（2008）は、女子大生たちも均等法をさほど意識しておらず、実際に入社した後も企業の対応がばらばらで、「1期生」の多くが失望し辞めていった様子を描いている。元新聞記者の竹信三恵子（1994）は、総合職採用されても、女性であるということが理由で幹部候補生としての「可能性」が低く評価されたり、任される仕事の重要性が異なったりして、戸惑う女性の様子を描く。

厚生労働省の「コース別雇用管理制度の実施・指導状況」によると、1995年に総合職を採用した企業のうち、10年後に1人も総合職女性が残っていない企業は4割に達する。2010年度の調査でも、2000年度採用の女性総合職は10年で65・1％が辞めている。

つまり、均等法が施行された1986年以降、15年ほどを経ても、女性総合職の採用数は限られ、継続するための制度も未整備だったのである。そのような中で、子どもを産んだ後も同一企業の正社員として仕事を続けてきた総合職女性は、本人や周囲が非常に努力し、かつ環境にも恵まれたごく少数であったと考えられる。

変わってきたのは、「均等法」ではなく「均等法改正」以降

大手企業で本格的に総合職女性の採用が増えたのは、バブル崩壊、就職氷河期がいったん落ち着いた2000年代前半である。

厚生労働省の調査では2003年以降、総合職採用者に占める女性の割合は10％以上で推移し、特に景気が比較的良かった2006〜2008年は17％近くまで上昇した。リーマンショックまでの数年間は就職率自体が良かったこともあり、どこの企業もそれまでに比べれば、チャレンジングともいえる女性採用を実施している。

経済産業省（2013）は、多くの企業で1990年代後半、遅い場合は2000年代前半に総合職女性の本格採用が始まった背景を、「景気もそれほど悪くなく、大企業は女性総合職も積極的に採用しようとして、自社のPRポイントとして、各社は競って、法律以上の手厚い両立支援制度を整えていった」とする。

制度的にも、この時期、両立支援が進む。1999年、労働基準法改正で女性の深夜業務制限が撤廃されると同時に、均等法改正で雇用の前段階における男女差別が制度的に禁止された。2001年には育児・介護休業法の改正で、育休などの取得を理由とする不利益取り扱いが禁止された。

労働政策研究・研修機構のレポートでは、均等法施行から雇用均等・児童家庭局誕生までの1986〜2001年を男女平等の「発展期」とし、2001〜2010年を政策効果が問われた「転換期」と位置付けている（伊岐 2012）。それまで制度があっても「取りづらい風土」が問題視されてきたが、この頃から「育休」を取ることはかなり一般的になっていく。

本格的に女性総合職の採用が増え、制度も整備されてから入社した世代。この世代が、2010年代の現在、出産や育児を迎えつつある。企業もこれまでのように、その場しのぎの例外的措置や本人の努力にゆだねるわけにいかず、本格的な対応を迫られ始めている。

しかし、人数も多く制度も整い、先人もいるからといって、両立が何の葛藤もなく実現していくわけではない。本人たちの感覚は、それまでの、女性が圧倒的マイノリティだった世代の感覚とはかなり異なる。仕事と育児の両立はいわば「あたりまえ」で、実際に妊娠するまでは、そこまで特別な覚悟がいることだとは思っていない。

また、数は少ないとはいえ、パイオニアたちの「帰結」をよくも悪くも見ることができている。この世代が入社した頃、均等法第1世代は40歳前後を迎えており、人によっては管理職になったり、育児が一段落したりする年齢になっていた。その中にロールモデルを見いだした可能性もあるものの、「ああはなれない」「なりたくない」と感じてしまう反面教師がいた場合もあるだろう。この世代は、第1世代の状況や助言を踏まえた上でライフコースを選択できた新しい世代である。

一方で、継続できない理由を「制度がなかったから」と答えられる世代ではなく、個人の意識・意欲の問題にされやすい面もある。この時代の女性たちには、仕事に対しても育児に対してもより高い目標が設定され、両立はより悩みの深い問題になっていく。

(2)「育休世代」にふりかかる、2つのプレッシャー

1999年の改正均等法の施行、2001年の育児・介護休業法の改正などを経て、制度的にも人数的にも女性の就労継続可能性が拡大してから入社した世代を、本書では「育休世代」と呼ぶことにする。大学卒業と就職を2001年以降とすれば、現役で大学に入ってすぐに就職したことを想定して、1978年生まれ以降の世代が該当する。

「育休世代」が育ったのは、女性に対して、ただ単に仕事と育児の両方をこなすだけではなく、2つのより高いプレッシャーがかかっていった時代に重なる。

1つ目は、「男なみ」に仕事で自己実現をすることをたきつけられる「自己実現プレッシャー」、2つ目は、できれば早めに母になり、母として役割を果たすことを求められる「産め働け育てろプレッシャー」である。

本節ではこれらを順に説明し、「育休世代」の葛藤の前提となる社会的背景を明らかにする。

ネオリベ・競争社会での自己実現プレッシャー

「育休世代」は、男女雇用機会均等法制定（1985年、1986年施行）前後に生まれ、バブルの記憶もほぼないまま、90年代に就学する。この時代、バブル崩壊により、高度成長期に作られた長期安定雇用のモデルは崩れ始める。

失業率や非正規雇用の比率が高まり、97年の山一證券に象徴されるように、大企業でも破《は》綻《たん》することが明らかになった。高学歴を取得すれば新卒採用で企業に就職できるといった「学校から雇用へのトランジション（移行）」にも歪《ゆが》みが生じはじめる。

本田由紀（2010a）は、70～80年代は、大学教育のマス化や露骨な推薦制度の改善で、学歴による選抜が企業にとって合理的であるという見方があったのに対し、90年代以降は、学歴の価値が薄れ、就職が個人化し、「人物重視」が良しとされるようになったと指摘する。

このような中で、教育課程では、「個性」「自分らしさ」を求める風潮が強まり、就職活動でも、学校歴より「自己」「自分」が重視されるようになっていく。

土井隆義（2003）は、「育休世代」が産まれた前後である1984年の臨時教育審議会の答申を機に、教育政策が、それまでの画一的で中央集権的な統制への批判から、「個性主義」へと転換し、「個性」が教育過程で期待され、要請されるアスピレーションとなったと指摘する。

就職活動も「自己実現プレッシャー」に拍車をかける。香川めい（2010）は、就職活動で「自己分析」という言葉が出てきたのは、90年代前半だったとする。当初は、企業に求められる「あるべき姿」に「自分」を近づけて見せるためのツールだった自己分析は、2000年代以降には次第に目的化し、「ありのままの自分」「本来の自分」を探索する行為となる。「育休世代」が就職活動をする時代には、「やりたいこと」を見つけることや、自己実現を求めることが半ば強制されるようになっていった。

一度就職することができても、経済成長に従い順調に地位が向上していく見通しが持てなくなった時代背景の中で、若者の意識も変化していく。

日本生産性本部の「働くことの意識」調査によると、新入社員の企業選択理由として、1971年度に27％と最も支持を得た「会社の将来性を考えて」は年々減少し、90年代後半からは10％を切るようになる。かわって最も高い割合となったのは、「自分の能力・個性が生かせるから」で、71年度の19％から、2010年度には35％まで上昇した。

このような「やりたいこと」重視の就職は、「やりたいこと」にこだわるあまり定職に就かなかったり、「やりたいこと」が見つからずに就職できなかったりする問題を生じさせている。

また、好きな仕事に就いたゆえの問題も生じてきた。自分の「やりたいこと」で「働きすぎ」が生じる問題を、阿部真大（2006）は「自己実現系ワーカホリック」と呼び、本田由紀（2007a）は、そこに働かせる側の巧妙な「〈やりがい〉の搾取《さくしゅ》」があるとする。「個性」「自己」「自分」の強調は、共通して、個々の若者の置かれている環境を「自己選択」の帰結とし、負った結果を「自己責任」としてしまう問題点がある。

東野充成（2011）は、特にサラリーマンの働きすぎの問題について、法制度上の裁量労働みなし制の導入や、成果主義の浸透といった新自由主義的な流れが自己責任論につながり、労働者の保護を曖昧なものにすると指摘している。

「男女平等」の教育過程

自己実現プレッシャーは、女子学生にも〃平等〃にかかっていったと考えられる。この時期、教育過程における男女平等は大きく進んでいる。

亀田温子（2000）の整理によれば、男女平等は、教育の機会均等や男女共学という制度的平等などの第1ステージ、「かくれたカリキュラム」といった学校の内部構造が指摘され変革が求められた第2ステージを経て、1990年代には、教師教育や教育改革にジェンダーの視点を盛り込む第3ステージに至った。

学校現場になお残る男女差別をなくそうとジェンダー・フリー教育が進められ、とりわけ進路については、女子学生の特定の進路や職業への方向づけについて問題提起がされてきた。家庭科が男女共修になったのは中学で1993年、高校で1994年であり、1980年前後生まれの「育休世代」が中学に上がったのと時を同じくする。

このような中で育った女性たちは、この時代の男性たちと同じように、仕事による自己実現を求められていく。従来の女子学生に見られたような「意欲(アスピレーション)の冷却」が見られない女子学生は、自己実現や「やりたいこと」をめぐる就職活動の競争に、男子学生と同じように組み込まれていったと考えられる。

少子化対策推進下の「産め働け育てろ」プレッシャー

一方、少子化が進展し、政府が対策に動き出すのも「育休世代」が生まれ育った時代と重なる。1989年に、合計特殊出生率がそれまでの最低記録だった丙午《ひのえうま》の1966年を下回る、「1・57ショック」が起こり、以降、少子高齢化の危機感は高まる。労働人口の減少への懸念もあいまって、少子化対策の焦点は主婦から働く母親にシフトした。こうして女性たちには、子どもを産んでからも働き続ける「産め働け」プレッシャーがかかっていく。

この時期、世界的には、性と生殖に関する健康と権利を保障する「リプロダクティブ・ヘルス／ライツ」が叫ばれ、１９９４～95年には国際会議でほぼ合意されるなど、子どもを産むかどうかや、子どもの人数や時期について、人から強制されることなく、自己決定できる権利が認められるようになったはずであった。

柏木惠子（2001）は、若い人や高学歴であるほど、「産む理由」も「（1人しか、もしくは1人も）産まない理由」も、社会的なものから「自分にとってもたらす価値があるか、または自分の生活にとってマイナスになるか」といった個人的なものに変化したと指摘する。

しかし、進展する少子化に危機感を募《つの》らせた政府は、働く女性でも、子どもを産み育てられる社会にするための施策を打ち始める。

１９９１年には育児・介護休業法が制定され、99年に施行された改正均等法には、女性を積極的に登用する「ポジティブ・アクション」や、セクハラを防止するための規定などが盛り込まれた。２００６年には、均等法がさらに改正され（２００７年施行）、妊娠・出産を理由とした解雇や、不利益取り扱いが禁止されるなどしたほか、政府、地方公共団体、経済界、労働界が、「仕事と生活の調和（ワーク・ライフ・バランス）憲章」を策定し、女性を労働市場で活用することと、家庭生活も充実させることの両輪が必要だとの観念が広まっていく。ただ、男女ともに働き方を見直す必要性が問われながらも、実際には、男性の育休取得率は1％台で推移するなど、「産め働け」だけではなく、「育てろ」というプレッシャーまでもが、女性側だけにのしかかっていく。

産まない選択肢に対する世間の目

少子化には歯止めがかからず、2005年には、合計特殊出生率が過去最低の1・26となるが、大きな要因は非婚化や晩婚化である。国立社会保障・人口問題研究所の第14回出生動向基本調査によれば、「結婚したら子どもを持つべきだ」という考えへの賛同は、90年代に一度減少するものの、2000年代は7割程度で変化がない。

衿野未矢《えりのみや》(2011)は、『「子供を産まない」という選択』という本の中で次のように述べる。

かつて女性誌で紹介されるサクセス・ストーリーの主人公は、独身で自立しているキャリアウーマンだった。もし結婚したとしても仕事を続け、収入はダブルで子供はいないDINKSが、理想的だとされていた。……『子供なんて産まなくていいから、しっかり働きなさいよ』社会から、そう励まされているような気がしていた。……なのに、いつのまにか、流れが変わってきた。現在のサクセス・ストーリーに登場するのは、キャリアと子育てを両立させている女性である。

妙木《みようき》忍《しのぶ》（2009）は、様々な選択肢の存在は、他の女性と比較するシミュレーションの機会を生み出し、女性に「相対的剥奪感《はくだつかん》」をもたらすと述べる。二者択一が当然の時代から、「両立」が可能に見える時代になったからこそ、産まないという選択は相対的剥奪感をもたらす。

また、「育休世代」が就職した２０００年代には、高齢出産や不妊のリスクが取りざたされるようになった。１９８５年には26・７歳だった第１子出産平均年齢は、年々上がり、２０１１年に30歳を超える。２００９年以降、40歳以上の出産も３万人を超える一方で、不妊に悩む女性の実態も、メディアを通じて明らかになっていった。柘植《つげ》あづみ（2012）は、「不妊に対処する技術ができたために、不妊が医療の関心事になり、治療すべき状態になった」ことを「不妊の医療化」と呼び、不妊がスティグマ化され、不妊でありたくないという気持ちが、子どもができないことを苦しいと感じる一因となっているとする。

一方で、一度産んでしまえば、今度は、母になることの重みがのしかかってくる。

国立社会保障・人口問題研究所が結婚経験のある女性を対象にした「全国家庭動向調査」によると、「自分たちを多少犠牲にしても、子どものことを優先すべき」への賛成割合は、08年の第4回調査で81・5％と、93年の第1回調査（72・8％）から毎回上昇している。

本田由紀（2008）は、90年代以降、教育競争は表面的に弛緩《しかん》しているものの、受験学力的な選別のための教育だけではなく、意欲、関心、対人能力も高める幅広い教育が求められていることを指摘する。新自由主義的な効率化や市場メカニズムによる競争の中で、その担《にな》い手は家庭教育になりつつあり、結果責任も親が負うこととなっているという。

政府が少子化対策に躍起《やっき》になる中で、子を産みながら働き続けるだけではなく、様々な能力を家庭で育てるべきという「産め働け育てろ」プレッシャーが、「育休世代」にのしかかる。

板挟みになる「育休世代」

以上のような時代背景の中で、女性たちは、自己実現につながるような仕事と、十全な育児の両方をやるべきという2つの価値観に挟まれることになる。江原由美子（2000）は、「子育ても大事だが、自分の生き方も大切にしたい」という考え方を支持する母親が4分の3以上いる一方で、「少なくとも子どもが小さいうちは、母親は仕事を持たず家にいるのが望ましい」という考え方に、ほぼ9割の女性が賛成している調査結果を紹介し、次のように述べる。

「子育ては母親でなくては」という考え方と「自分自身の生き方をも大切にしたい」という考え方をともにもつことは、現代の母親たちを、ときとして解決の方向が見いだしにくい葛藤状況に追い込んでいるといえるだろう。

本田由紀（2008）も次のように述べる。

自己実現が称揚される現代社会の中で、母親たちは自分自身の人生を送ること、子どもの人生の基礎を整えることという、政策と社会が突きつけてくる二重の要請を内面化し、そのいずれも可能な範囲で全うしようとして、さまざまに悩んだり試みたりしている。

日本では、政治家や企業管理職に占める女性の比率が低く、ジェンダー平等や働きやすさの指標で、国際的な順位の低さが指摘されている。

2012年、政府は、女性の活躍についての情報公開などを求める「女性の活躍促進による経済活性化」行動計画を打ち出した。「きちんと働き続け、早く産んで、しっかり育てる」という、複数の方向からすべてを求められているように見える「育休世代」の女性たちは、時代の要請に応えようとするほどに、2つのプレッシャーに巻き込まれていくと考えられる。

その板挟みとなった「育休世代」の女性たちは、高まるハードルをどのように受け取り、どのように越えていこうとして、どこで躓《つまず》いたり乗り越えたりしているのだろうか。

(3)「育休世代」の出産

こうした問いに答えるため、2000年代に大学または大学院を卒業・就職した後、大都市の民間企業で総合職として働いていた時期に妊娠・出産をし、すでに育休期間を終えている女性15人にインタビューを実施した（対象者の選定方法については、P72以降）。

本調査では、インタビュー対象者を、育児との「両立」を理由に、妊娠前の所属企業を退職したか、もしくは今後退職する可能性を自身が認識しているかどうかで、**「退職グループ」**「(退職)**予備軍グループ**」「**継続グループ**」の3つにグループ分けした。

①**退職グループ**（退）：15事例中、4事例で、出産後1年以内に、育児との両立が理由で、妊娠前に所属していた企業でのキャリアを断念し、退職していた。調査時点で2人が専業主婦、2人が別企業の総合職に転職していた。事例A・B・C・Dが該当する。

②**予備軍グループ**（予）：15事例中、4事例は、調査時点では妊娠前と同一企業の就労を継続しているが、育休からの復帰～1年程度の時点で、「上司が替わったら」「部署異動があったら」などの条件次第で、両立の面から今の仕事は続けられないのではないかとの不安を示したり、「恩義を果たしたらもっと両立しやすい企業に転職したい」など、育児との両立を理由に退職を計画していたりした。事例E・F・G・Hが該当する。

③**継続グループ**（続）：15事例中7事例は、育休からの復帰～1年程度の時点で、同一企業でのキャリアを継続する見通しを持っているか、もしくは育児との両立とは全く関係のない理由で転職の計画を立てていた。事例I・J・K・L・M・N・Oが該当する。

これ以降、対象者を指すA～Oのアルファベットの頭に、継続グループには「続」、予備軍グループには「予」、退職グループには「退」をつける。なお本調査の対象者は、バリエーションを増やすために戦略的サンプリングを実施しており、このグループの人数の内訳が総合職女性の分散を示すわけではない。

高学歴・高所得で結婚もしている「勝ち組」

本調査では、同じような条件を持った女性でも、退職と継続が分かれていく様子を明らかにする。どんな女性たちなのかというイメージを持ってもらうため、ここではインタビュー対象者のプロフィールについて概観をつかんでおこう（P65・表1参照）。

15人は高学歴で高所得、夫も高所得で子どもも手に入れている相対的「勝ち組」である。妊娠前の年収は400〜800万円前後で、夫の年収は、弁護士等で数千万円の年収があるケースを除き、400〜1000万円（全員が調査時点で既婚〔執筆時に1ケースが離婚〕）。

バブル崩壊以降は終身雇用が見込みづらくなったとはいえ、調査対象者は夫婦ともに大手企業に就職することができた層で、世帯年収は800〜2000万円近くと、日本の世帯の上位2割の高収入層となる。しかし、かといって「自分は悠々《ゆうゆう》自適《じてき》に専業主婦になろう」と思っている人たちではない。就職時点のライフコース展望としては、「子どもを産むつもりがなかった」とするのが2事例、それ以外は「結婚・出産などを経ても就労継続」を希望しており、全員が働き続けることを志向していた。

結婚年齢は2010年の内閣府統計による平均初婚年齢28・8歳よりも早いケースが多いが、就職前の結婚や出産に対する意識は、親を理想の夫婦と考える2事例を除き、「いつかはしたい」というように漠然としたイメージにとどまっていた。

20代での出産とキャリア

日本の初産平均年齢はついに30歳を超えた（2013年の人口動態統計）。40代になってから産む人も増え、医療技術も発達していることは良いニュースでもある。しかし、それも確率論の問題で、大学生向けには一種の「啓蒙活動」として、妊娠・出産の適齢期についてのガイダンスがされるなど、早めの妊娠・出産が推奨されているようだ。

女子大生に聞くと、彼女たちの理想の出産年齢は28歳くらいだそうだ。卵子老化について広く知られるようになり、キャリアもそれなりに積んで、でも20代に産みたいという折衷《せっちゅう》案が28歳くらいらしい。

若い女性は、自分自身がその年齢で産めるのか、医療技術の進展が間に合うのか、早い段階から恐れおののくようになってしまったように見える。一方で、キャリア形成期と産み時が重なった場合に、実際に女性たちがどう対処しているのかについての実証研究は少ない。

表1　調査対象者のプロフィール

	高校	大学	業種	入社年	第一子出産の社会人歴（年）
A	地方共学	地方旧帝一工→同大学院、文系	建設→（産後）専業主婦	2006	2
B	地方共学	都内旧帝一工→同大学院、理系	コンサル→（産後）外資コンサル	2003	8
C	海外	都内旧帝一工→海外大学院、文系	外資金融→（産前）調査会社→（産後）専業主婦	2007	4
D	地方共学	都内旧帝一工、文系	マスコミ→（産後）パート→出版→公務員	2006	3
E	地方女子校	地方その他国公立、文系	広告	2007	3
F	地方女子校	都内旧帝一工、文系	コンサル	2006	6
G	都内女子校	都内旧帝一工、文系	マスコミ	2007	5
H	地方女子校	都内女子大、文系	出版	2004	9
I	都内女子校	都内女子大、文系	人材	2007	4
J	地方共学	都内旧帝一工、文系	IT→（産前）人材	2005	6
K	地方共学	都内早慶、文系	IT→（産後）コンサル	2003	2
L	地方共学	都内女子大→同大学院、理系	通信	2008	4
M	地方共学	都内早慶、文系	外資メーカー	2005	3
N	都内女子校	都内旧帝一工、文系	商社	2007	3
O	都内女子校	都内女子大→同大学院、文系	広告	2007	5

今回、私がインタビューした15人の初産年齢は26～31歳で、全員が社会人10年目以下で出産している。これから出産する「育休世代」の出産の先陣を切っており、これから増える同世代の経路を考える上でも、また、推奨されている早めの出産とその後のキャリア形成について調べる上でも、貴重なデータとなるだろう。

インタビューをした15人は、管理職のポストに就く可能性が出てきていたり、仕事に達成感を覚えてから産むケースとは異なり、キャリア初期段階の出産であることが特徴である。

出産後の就労継続については、育休を取得せずに退職したケースが1事例あるものの、それ以外は継続を前提に育休を取得しており、「元から出産したら辞めるつもりだった」というケースはなかった。

「自分の親が大変そうだったので、それ以上の生活」「自分がしてもらった程度の教育を受けさせられる余裕」など、求める生活水準が高く、一定の高収入を世帯として確保することや、自らの経済的自立を確保することを目指していたり、家事を不得意としていたりして、様々な理由で就労継続志向が強い。（家事が不得意であることは関係がないのではないかと男性研究者に指摘されたことがあるが、働く理由の1つとして、「お金がたっぷりあったとしても専業主婦はしたくない」「一日中家にいたら死んでしまう」「一日中子どもと過ごす専業主婦のほうがよっぽどハード」と話る女性は私の周りで決して少なくない。）

意外と計画性のない妊娠と出産

しかし、その出産経緯は、実は驚くほど「無計画」である。15事例中、計画して妊娠したケースは少数にとどまり、他は予期しない妊娠だった。

結婚前の妊娠判明が6事例（うち、婚約中が2事例）あった。今やアプリなどで月経周期をチェックできる中、仕事の繁閑《はんかん》どころか保育園の入りやすさまで気にして妊娠を計画する人も多い。そんな中で、「本当に、仕事続ける気あったの？」と聞きたくなるかもしれないが、逆にいえばある程度の無鉄砲さがなくては、20代の出産はできないのかもしれない。

妊娠の理由は、ピルの飲み忘れや避妊が確実でなかったなどで、「事故だった」「実はいつ妊娠したのかわからない」場合が大半だ。

なお、内閣府が２０１１年度に発表した「結婚・家族形成に関する調査」（２０１０年実施）によると、20代で子どものいる既婚女性の４割が、「結婚した理由」として「子どもができた」を挙げており、妊娠先行型の結婚は20代での結婚・出産では決して少数派ではない（ちなみに、晩婚化は就労継続志望の有無にかかわらず進んでおり、専業主婦志望の女性が早く結婚して、就労継続志望の女性の結婚が遅いというわけではない〔四方2004〕）。

出産時期を特段計画していないように見えるのは、結婚後の妊娠でも同様であった。「結婚した安心感というか、なんとかなるだろうっていったら言い方あれですけど、なるようになるだろうなっていうので」（退A）、「子どもを持つことが仕事に影響与えるとかも考えていなくて、まぁなんか普通に休んで、働きやすそうな会社だし、復帰するんだろうなとあんまり深く考えてなかった」（続K）と、婚約・結婚後に特に避妊をせず、妊娠のタイミングを計らなかったとするケースが5事例あった。

妊娠してからよぎる仕事への不安

ちなみに、以上のような、結婚前後の無計画な妊娠をしたケースでは、妊娠が判明して初めて、仕事との兼ね合いが頭をよぎっており、中絶を検討したという事例も1ケースあった。

退A：がつがつ働きたくて仕事楽しくてしょうがなかった頃だったので、正直もう終わったというくらい、嬉しいのか悲しいのかちょっと残念な気持ちの方が強かったと思います。

予G：仕事はもうこれは1回全部考え直さないとという感じ。順当なキャリアは終わったなという感じがあった。

続M：妊娠したのが計画より早かったので、そのときはすごく悲しかったんですけれども……。自分が営業として認められてきた、実績も出始めた時期だったので。

「でも個人としてはそのために出産時期をずらすということまでは考えていなかったので」（続M）、「まぁいっか、と思った。いつか直面する問題だったから」（予G）などと、産むことを決めている。

不妊への不安が妊娠を後押し

「戦略的無計画」とでも言いたくなるような、わざとタイミングを計らないケースもあった。理由は、「仕事はいつでも楽しかったから、いつ産んでも中断しないといけないのは変わらない」（続J）から。

不妊の可能性があることも、避妊をやめて運に任せようとする一因である。31歳で出産している退Bは、次のように語る。

退B：仕事で一人前になって、子育てする余裕ができてから産むのかなって思ってたんですけど、全然そんな余裕は生まれないので、「もういいや」みたいな。……待ってたらいつまでもタイミング来ないなって思ったし、いざその気になってみたら、すぐできないから、すぐできないんだ、時期を選んでる場合じゃないなって。年齢的にも30手前くらいで。

退Bは、夫が数カ月単位の長期出張で海外に行くことが多く、夫婦が顔を合わせるのが1カ月に1回程度と少なかったこともあり、「このまま夫が飛行機の事故とかに巻き込まれたら私1人なんだけどって思って」子どもがほしいと考えた。

一方、妊娠時期を見定めて「計画的」な出産をしたのは、2事例に限られた。ただ、ここでも、仕事との兼ね合い以上に、年齢や身体の状態を気にする様子がうかがえる。

入社4年目の26歳で出産した続Iは、次のように語る。

続I：激務だったから、体調的に、女性器にくることが多くて、万年生理か、来ないかみたいな、〔月経のサイクルが〕整わなくて病院とかも通っていて。〔医者には〕「機能として問題があるわけではない」「休みが足りないのとストレス」って言われて、このままじゃ子ども産めなくなるなって思って。産めなかったら自分がいやだし、彼〔夫〕にとっても望まれることではないなって焦りもあった。早く作れるなら早い方がいいって思った。

就労継続志向の総合職の女性であれば、仕事との兼ね合いで妊娠・出産のタイミングを計り、避妊を確実にしたり、無計画な妊娠が判明したときには中絶したりするケースもあるのかもしれない。

インタビューしたのが社会人10年目以下で産んだ人だったため、キャリアの中断に対する不安から妊娠を先延ばししようという意識が希薄だった面はある。出産後に生じる困難について、あまり周囲に事例がなく、知識がなかったり、「自分が切り開けばいい」という自信があったりして、出産や育児についてのイメージがそれほど具体的でないまま、妊娠に至っている側面がある。

一方で、総じて「授《さず》かりもの」という発言が頻出《ひんしゅつ》し、子どもがほしくてもできない夫婦を身近に知っていたなどで、妊娠を「いつでもできること」とは捉えておらず、先延ばしすることが産めなくなるリスクにつながるとの認識があるケースも多い。自分たちの不妊の可能性や体調への不安があり、「キャリアとのタイミングを計っていたら、いつまでも産めない」「いずれ産むなら、いつか通る道」と、早めの出産に踏み切っている側面がある。

調査の概要

【調査対象者の選定方法】

対象者の選定は、調査者である私の知人、その知人の紹介やFacebookを通じ、就職時期、妊娠時の職種、復帰時期（見込み含む）、復帰前後の子育て環境を条件とした戦略的クライテリアに基づいて、スノーボールサンプリングを行った。対象者選定のクライテリアは以下のとおりである。

まず、大都市において、総合職で働いている時期に妊娠・出産した女性のうち、２００１年以降に就職していることと、遅くとも２０１３年４月までに、第１子出産に伴う育休を終えるか、その見通しが立っていること。大卒就職率が２００３年に底を打ち、２００８年まで上昇し続けたことから、就職率50％台の２００３～05年と、67％前後の就職率だった２００７年前後では異なる就職環境を経験したと考え、両方の就職環境の経験者がそれぞれ一定数入るようにした。一方、再び就職率が低下した２００９年以降では、出産し復帰見通しが立っているケースを見つけられず、結果的に対象者は２００３～２００８年就職となっている。

妊娠時に所属していた企業については、民間企業雇用で、男性と同等に働くことを想定されている総合職の女性とした。総合職には、一部システムエンジニアや記者など、専門性が高い基幹職を含めている。一方、公務員や資格職は省き、テレビ局のアナウンサー、航空会社のキャビンアテンダント、保険会社の営業職のような女性が多い職業も含めなかった。金野美奈子（2004）は、女性比率が55％以上の「女性職」が、1985年から2005年にかけて全体の4分の1から4割にまで増え、2005年には女性就業者の7割がこのような「女性職」の職業に就いているとする。これに対し、本調査の対象者は、多くが女性比率25％未満の「男性職」に就き、少数派として働いている女性である。内閣府の「平成25年度版男女共同参画白書」によると、昭和53～57年生まれの女性の正社員就労率は4割程度。総合職はさらにその一握りの非常に限られたエリート層であると考えられる。

限定された層の中で、不作為でない点を補うため、できるだけ様々な業種の企業が入るよう対象を広げた。日系の大企業を中心にしながらも、ベンチャー企業や外資系企業も組み込み、業種は広告、マスコミ、出版、商社、金融、IT、メーカー、通信、コンサルティングなど多岐にわたるようにした。出産前、出産後それぞれの転職経験者、退職者も組み入れ、詳細は後で述べるが、出産後の経路にも多様性を持たせるようにした。

出身大学では、共学・女子大、文系・理系、地方大を、それぞれ2人以上は入れるようにした。なお、大学の分類については、橘木俊詔・迫田さやか（2013）の、大学名を入試の難易度で分けた分類方法に従い、「旧帝一工（旧帝大・一橋大・東工大）」、「その他国公立大」、「早慶（早稲田大、慶應義塾大）」、「女子大」（他の分類は該当者なし）に分けた。

また、本調査では、同じように親の支援を日常的に受けていないにもかかわらず、就労継続の可否に違いが出てくる要因を探るために、育児資源として全面的・日常的に親の支援を受けているケースは含めなかった。実質的に親が育児を担っている場合、その一要因が就労継続の中心的な要因となる可能性があり、また仕事と育児の両立をめぐる葛藤は、そうでない場合と性質が異なる可能性がある。さらに、今後、祖父母となる親世代が共働きだったり、老老介護を抱えていたりするケースが増えることなどをふまえれば、親（子どもの祖父母）の支援を前提としなくては成り立たない社会制度や企業の対応では、就労継続を実現できる女性を増やしていくことができない。このことも、親の支援があることを調査対象者を選ぶ上での前提条件としなかった理由の1つである。

また、予備軍グループと継続グループの分け方については、今後（子どもが小学校に入学するなどした際に）変化する可能性もあるものの、出産後の始めのハードルとなると考えられる第1子の出産後の復帰時点〜1年程度の意識をもとにしている。

仕事と育児の「両立」の面から、同一企業の就労を継続するかどうかをグループ分けの指標としたのは、インタビュー対象者の就労継続の可否を問題とする中で、本人が持っていた出産後の継続希望を叶えることができたかどうかについて見るためである。

私自身は、一企業に継続して勤めることに価値を置いているわけではないが、日本企業は、同一企業で働き続けることによる収入や昇進面でのメリットが大きい。また、転職市場が未成熟であるため、とりわけ子持ち女性の転職は通常難しい現実がある。

企業が女性活用を目指す上でも、通常、新卒採用組からの育成を念頭に置いており、個人にとっても企業にとっても、同一企業に勤め続けることが比較的順当なキャリア形成になる可能性は高い。

このような中で、もともと転職を志向しているなど、子どもを産んだことと全く関係ない理由で転職したりするケースと、「両立」を理由にやむを得ず退職するケースでは、たとえその後同じように別の企業に総合職として転職できていても、本人の退職に対する肯定感は大きく異なり、別の経路であると考えた。

企業側の視点から見れば、前者は引き留めることが難しく、後者は対策を打つことで変わる余地がある転職だともいえる。

【調査方法】

調査方法としては、質的調査を用いた。ライフコースを時系列的に聞き取り、その経緯や意識の変化を追うためには、質的調査が適していると考えた。インタビューは半構造化面接により、第1回は2012年8〜9月、第2回は2013年3月前後に、それぞれ1〜1時間半程度で実施した。質問の内容は表（P78・表2）に示した。

多くの場合、ランチ時間に職場付近で食事をしながら話を聞いた。面接は調査の趣旨と調査倫理についての説明を行い、了解を得て録音した。また、一部の対象者の語りから出てきた発言の中で、重要と思われる経験については、他の対象者に似たような経験があったかどうか確認するため、第1回、第2回の後に、メールでの確認や追加質問を実施している。最終的な確認事項と論文掲載確認の同意を、2013年6〜7月に、ウェブ上のフォーム回答により入力してもらい、希望する対象者には、対面で掲載についての説明を実施した。

調査者である私自身は、民間企業に5年勤続した後に産休を取得し出産し、子どもが0歳児の期間に当該調査を実施している。調査対象者と同じく育休世代で仕事と結婚・出産を経験しており、藤田結子・北村文（2013）の定義に従えば、対等で相互方向的なコミュニケーションを中心とする「フェミニスト・リサーチ」、調査の対象となる文化の中で生まれ育った研究者が実施する「ネイティブ・リサーチ」、問題を抱える当事者が自分たちの問題について検討する「当事者研究」である側面が強い。

このことによるデメリットとして、たびたび私自身が自明視して質問をしていなかった点や、詳しく聞かなかった点が発生し、後に確認する必要性が生じた。一方で、メリットとして、誘導的な質問は避けながらも、私自身が質問の合間に自己開示をしたり、相手の発言に共感を示したりすることを積極的に行ったことで、調査対象者の自己開示が進んだ可能性がある。特に、第1回の調査では、大半の面接に私自身が生後4カ月の子どもを同行させ、対象者も、育休中や専業主婦の場合には、子どもを連れてくることがあり、母親同士のコミュニケーションが進んだと考えられる。

掲載にあたっては、本人の語りをなるべく維持しながらも、個人や企業の特定がされないよう加工し、本人の了解を得て引用している。

なお、私自身が別の調査の対象者となったときの経験から、書面による同意書を始めに取ることは、ライフコースを語る上での心理的障壁につながると考え、口頭での調査倫理に関する十分な説明とその後の丁寧な連絡と開示を重視し、書面による同意書は取らなかった。途中で研究対象からの辞退を希望したケースが1事例あり、分析した15ケースには含めていない。また、1ケースについて、確認の最終段階で数項目が未確認の状態で家族が入院したため、以降の協力が難しくなったが、それまでの回答については掲載に同意を得ることができたため、一部データが欠けた状態で対象に含めた。

分析にあたっては、まず、おおまかに対象者全員が通過している①成育歴、②就職活動と実際の就職、③結婚・妊娠・出産、④育休からの復帰前後で退職や継続を決める、というライフイベントを設定し、それぞれの時点で、調査対象者が何らかの行動や選択をする上で重視していた環境や考え方についての発言をカテゴリー化した。その上で、カテゴリー間の時系列的なつながりを一人ひとりについて引き、退職・予備軍・継続までの経緯を追い、その時点ごとの分布を確認した。特定の対象者のみから聞かれ、その後の経路に大きな影響を与えていないと考えられる発言内容は除いた。

作成した逐語録をもとに、ＫＪ法、複線径路・等至性モデル（Trajectory Equifinality Model: 以下ＴＥＭ）を参考にした。ＴＥＭは人間のＬｉｆｅ（命・生活・人生）について、要素に分けたり測定したりせずに、その意味を包括的な視点から丁寧に記述することを目指し、ある行為や選択を、等至点として焦点化し、時間的経緯の中で径路の多様性を記述する手法である（荒川・安田・サトウ 2012)。

ＴＥＭでは経路を分析するサンプル数として1人、4人、9人、16人前後で、それぞれ見えてくる傾向があるとされ、本調査では16人前後での分析を採用している。また、質的調査では、飽和点や反復状態に達するまでサンプリングを行うことが1つの目安とされているが、本調査では10人程度をインタビューした時点で、各ライフイベントについて語られる内容が、表現や組み合わせは異なっても、別の対象者がすでに語っていた内容に近いと判断できるようになり、全く新しい発想や意見は出てこないと感じるようになった。出身や業種の多様性を持たせるためにサンプリングは続けたものの、15ケースである程度、クライテリアの中での反復状態が見られ、発生し得る経験や行動の理由が飽和していたと考えられる。

詳細な分析を、図2に示すように、時系列をさかのぼる形で4～6章に示す。まず、出産前後の①職場環境（4章）と②育児資源（5章）が、退職・予備軍・継続の経路とどのように関係しているかと、それぞれの要因を獲得

図2　本書の章立て

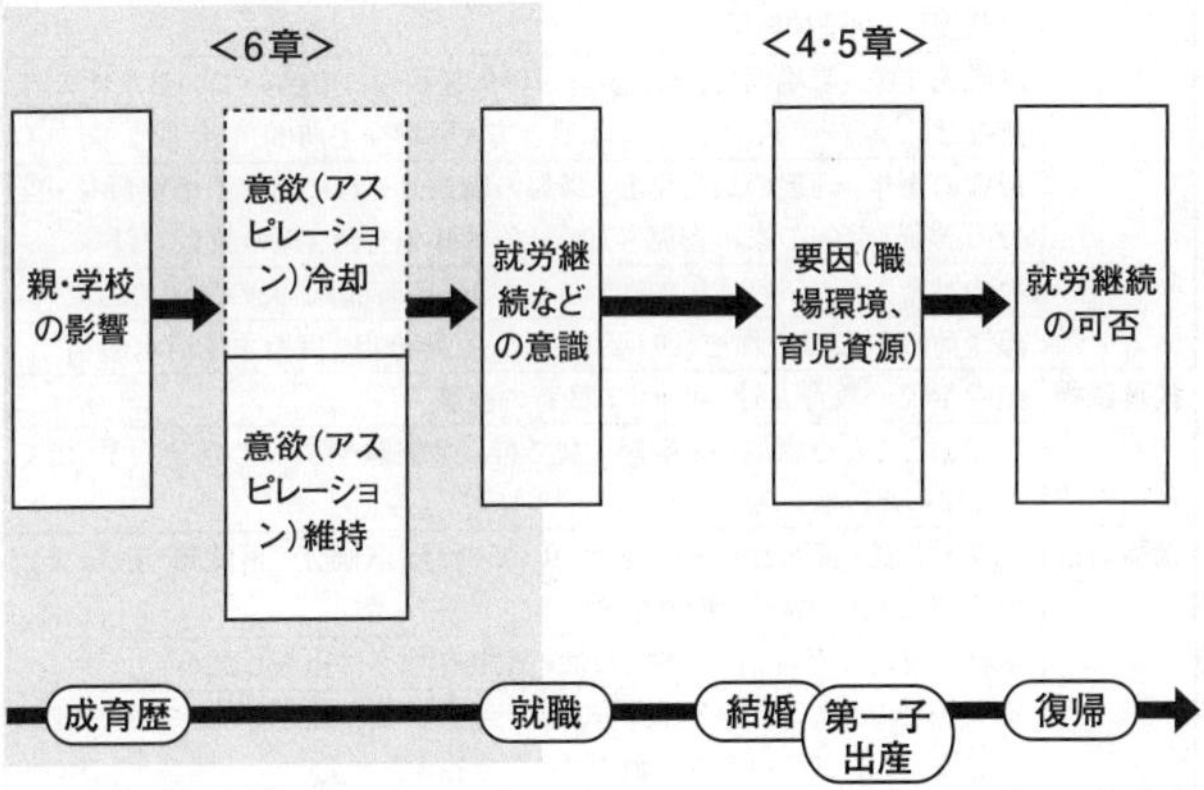

するまでの意識や経緯を分析し、6章ではジェンダーの社会化研究を検証する形で、成育歴と意識の関係に着目する。

表2　調査対象者への質問項目

基本情報	卒業年度（就職時の環境）、高校（公立私立、地域）、大学・学部（就職の状況）、女子校経験
	就職先企業（職場環境、女性比率、育休後復帰して働いている女性の有無など）、勤続年数、仕事内容、働き方（平均帰宅時間）、年収
	母親の生年、両親の最終学歴、母親の職業とそれに対する母親自身・自分の評価、父親の家事育児参加、兄弟姉妹の有無、親の教育方針
	夫の職業、夫の年収、夫の働き方（平均帰宅時間）、夫の母親の職業
	出産前後の夫婦それぞれの平均年収、家計分担、目指す生活水準
教育課程	出身学校の教育方針、キャリア教育の経験
	女であることを意識した経験（女で得した経験や損した経験、男っぽくふるまった経験）
就職前後	結婚・出産・育児と就労継続についての考え（両立・再就職・離職などの希望、具体的プランの有無や内容）
	就職先を選んだ理由・経緯（女性の働きやすさは重視したか）
	企業側とのやりとり（OG訪問や説明会への参加、面接などで企業側から結婚・出産について聞かれたか、どう答えたか）
結婚妊娠	結婚・出産・育児と就労継続についての考えとその理由（夫との関係、夫選びの条件、家事育児についての考え方）
	子どもを産もうと思った経緯・理由
	妊娠判明以降の企業側とのやりとり（職場への報告・周囲の反応とそれに対する受け止め、妊娠経過と働き方の変化）
復帰前後	育児と就労継続についての考え・その理由（就職時、妊娠判明時の想定と違ったことは何か）、実際に取った行動とその理由（夫の家事育児への期待、実際の分担、それについての評価、子どもを親・保育園やベビーシッターに預けることに対する考え方、子どもの病気への対応）
	復帰した場合、職務内容や働き方の変化・周囲の反応とそれに対する受け止め、離職した場合、離職の理由と周囲の反応とそれに対する受け止め
	復帰前後の夫の家事・育児分担、それに対する評価、親・夫の親の居住地、健康状態、育児の支援状況、復帰後の両立見通しとその理由

3章　不都合な「職場」

（1）どんな職場で辞めるのか？

ワークライフバランスが叫ばれ、様々な企業の取り組みが取り上げられたり、表彰されたりするようになってきた。その反面、制度的な整備とは裏腹に、風土、文化の問題が指摘され続けている。

実際に女性側の継続意欲に影響するのは、制度そのものではなく、制度を運用する上での上司や同僚の対応や、人事評価方法、それに付随して与えられる仕事のやりがいなど、複雑なものである。

両立支援が進んだ先に、待ち受けるもの

まず、職場環境について、これまでの研究をおさらいしよう。萩原久美子の『迷走する両立支援』（2006）は、育休から復職した後の女性の就労を保障できない育休制度の限界を指摘し、企業の現場で「両立支援」と「均等推進」が、女性への別個のアプローチとなっている現実を描いている。

萩原によれば、客観的な職務分析を欠いた「成果主義」が導入されていることで、育休や短時間勤務制度などの両立支援が整っていても、復帰後の女性は昇進・昇格から遠ざけられてしまう。その結果は、個人の能力や意欲によるものなのか、家庭責任を負っているゆえのものなのかが曖昧になり、ライフスタイルに合わせた働き方ができるようになったがゆえに、納得できない処遇の格差までもが個人の選択に帰されてしまう。

また日本より進んでいそうな米国で、「日本の未来はこれ?」とがっくりくる研究もある。アーリー・ラッセル・ホックシールド（1997=2012）は、米国の先進的なファミリーフレンドリー企業において、社員が家庭生活を外注できるよう様々なサービスを提供し、働きやすい職場を作ることで、むしろ家庭が効率を求め疲弊《ひへい》するという、家庭と職場の逆転現象を指摘する。ベビーシッターの活用や家事の外部委託をとことんまで突き詰めれば、共働き夫婦も長時間労働をすることは可能だ。ホックシールドの調査に出てくる企業では、「短時間労働は敗北を意味する」「『名誉ある中間管理職』がないこと」から、子どもを持つ労働者までもが仕事に駆《か》り立てられていく。

夫婦は互いに子育てを押しつけ合い、職場に逃げる。それが子どもに悪影響を及ぼし、結局「埋め合わせ」の「仕事」をさらに増やす。ホックシールドは職場での仕事の後に待ち構える家庭での仕事を「セカンドシフト」、埋め合わせの仕事を「第3のシフト」と呼ぶ。

制度の確立に伴い、「両立支援」についての問題は、制度があるかどうかや、制度を使いにくい雰囲気がないかどうかを問う段階から、「制度を使った後にどのような処遇になるか」、つまり育休から復帰後、女性がどのように働いていて、どのように評価されているかに問題の焦点が移っている。そこには、長時間労働などの働き方の慣習と、企業内の人事評価システムや、当該職場の上司の考えが大きく影響する。本調査の対象者はどのような職場で、どのような処遇を受けているのだろうか。実際の15人の経験を見ていこう。

「腫れ物にさわるような」から「5人中3人がママ」まで

まず、入社した時点で、15人の職場環境には大きくばらつきがある。2010年代の現在は減っていると思いたいが、そもそも女性自体が非常に少なく、子どもを産んでいる女性がいない職場は、次のような様相である。

退A：初めてその事業部で総合職女子を採った年だったので、腫《は》れ物にさわるような感じで扱われてて……建築関係の仕事なんで、現場とかにも行くんですけど、「女子をこんな

現場に連れて行っていいのか」とか……「総合職だか知らないけど、もうちょっと内勤ぽいことさせる仕事の仕方もあるんじゃないか」とか〔言われていた〕。

予E：80人くらい営業がいて、女性自体が5人。私が久々に入った新人の女の子。ちょっと先輩となるともう8年目ぐらいで、もちろん〔子どもは〕産んでない。キャラクター的にも男！　みたいな感じの人が残ってる。

一方、子どものいる女性が職場にいさえすれば「良き前例」となるかというと、そうともいかない。「女性も活躍している企業」としてメディアにも取り上げられるような企業に勤めていた対象者からも、こんな発言が出てきた。

退C：自分たち〔男性〕が毎日20時間働いている中、18時に毎日帰って〔いる女性に対し〕、基本給同じだから、それはおかしいって言ってるのとか聞いて。本人の前じゃなくて裏で言ってるの聞いて、これは無理、〔結婚や出産をした後も〕働き続けるのは無理だなって。何かのきっかけでやめた方がいいなって思いました。

ここでは、育休以降の女性の評価や処遇に対し、周囲に不公平感があり、それが別の女性の就労継続に対する展望を打ち砕《うくだ》いている様子が分かる。納得感のある評価や処遇が、育児中の女性本人にとっても重要であることは後述するが、子どもを産んで復帰している女性がいても、社内で批判されていれば、若手女性にとっては、モデルとなるような「前例」にはならない。

これに対し、こんな羨《うらや》ましい職場環境もある。

続I：5人チームで4人結婚していて3人ママだった。こんなに楽しそうに、両方叶うんだっていうのを、目の前で見せてくれた。

続L：〔育休を取って復帰する社員は〕結構多いんですよ。1人目産んで戻ってきて、すぐ、みたいなのも全然あり。〔調査者：社内で相対的に忙しいプロジェクトでも？〕います、全然。15時とかになると早く帰りなよ帰りなよってなる。

前例が少ない職場で退職しやすいスパイラル

これらの語りから、そもそも配属された部署や地域に総合職女性がほとんどいないか、い

表3　入社後の職場環境と復帰後経路

		復帰後経路		
		継続	予備軍	退職
入社後の職場環境	〈WM活用職場〉	続I 続J 続K 続L 続M 続N 続O		
	〈前例一応あり〉		予F 予H	退B 退C 退D
	〈WM非活用職場〉		予E 予G	退A

ても結婚・出産をしていない女性がほとんどである職場環境に入った事例を〈**WM（ワーキングマザー）非活用職場**〉、出産後に続けている女性がいても、その人の働き方が社内で厳しい目で見られていたり、家庭を犠牲にしすぎているように見えたりと、かなり限定的である場合を〈**前例一応あり**〉、育休復帰後も周囲に非難されることなく両立している女性がいる職場を〈**WM活用職場**〉とした。

〈**WM活用職場**〉〈**前例一応あり**〉〈**WM非活用職場**〉の分布は表3のとおりである。入社後の環境と継続・予備軍・退職の復帰後経路の関係は、〈**WM活用職場**〉では全員が継続グループに入り、〈**前例一応あり**〉〈**WM非活用職場**〉では予備軍、退職グループになって

表4　妊娠前の平均帰宅時間と復帰後経路

		復帰後経路		
		継続	予備軍	退職
妊娠前の平均帰宅時間	20時	続L	予F	
	21時	続K 続O		
	22時	続I	予E	退B
	23時	続J 続M	予H	退A 退C
	24時	続N	予G	
	1時			退D

おり、かなり連動していることが分かる。

また対象者の入社後～妊娠前の平均帰宅時間を表4で確認すると、22時以降が大半を占める。特に退職グループの帰宅は遅く、元々の職場環境が長時間労働であるほど、前例もなく退職も増える傾向があるといえそうだ。

「マミートラック」の存在

復帰後の女性の処遇については、いわゆる「マミートラック」に追いやられる問題が指摘されている。マミートラックとは、出産後の女性社員の配属される職域が限定されたり、昇進・昇格にはあまり縁のないキャリアコースに固定されたりすることである。本調査の対象者からも、社内で「出産した女性が行くような部署」の存在がたびたび話題にあがった。マスコミ勤務の退Dは次のように語る。

退D：男性20~30代が限界に挑戦するみたいなところがあるから、子ども産んで女性がそれについていくのってしんどいですよね。……だから予定が立つ、週刊発行でいついつこれが出るとか、〔夜中の〕2時3時に呼び出されるわけでもないようなものは女性が多いんですよ。……〔子どもがいるというだけではなく〕会社に無理を強《し》いられて離婚して家庭が破綻してシングルマザーになっちゃったとか、親が倒れてもうどうしようもなくなっちゃったから東京勤務するとか、そういう人が集まっている。

企業のジョブローテーションでは、新人時代に忙しい部署を経験した後、地方転勤や様々な部署への異動を経て、自らの「畑」というような得意分野が作られていくケースが多い。また、たとえば全国展開しているマスコミの「東京本社の報道部門」など、社内で評価された社員のみが長くいることができる部署があったり、出世コースといわれる部署があったりと、「第一線」「花形」「本流」が比較的明確な企業もある。

そのような企業では、新入社員は部署間の序列を覚え込まされ、社内の生き残り競争に巻き込まれていく。そしてこのような企業文化の中では、「ラインからはずれる」(林2013)こと自体が、幅広く「マミートラック」として認識される可能性がある。

境界が曖昧な「マミートラック」と本人の受けとめ

他方で、「第一線」「花形」「本流」があまり明確ではない企業では、営業以外や内勤が、必ずしも本人たちに「マミートラック」として否定的に認識されているわけではなかった。深夜まで働く部署の数や人数が非常に限定されており、それ以外の部署であれば、出産後の女性でも継続がしやすいような企業もある。

続Mは外資系のメーカーに入社して、「営業をやりながら子育てしていくのは難しい」ということに入社してから気付いたという。

続M：〔調査者：内勤部署を社内的に低く見るような文化はありますか？　御社はそんなことないと思うんですけど〕いやありますよ。内勤の方が仕事がゆるい。時間の流れ方ちがうので……子育てしていて内勤から営業に戻った人がいたんですけど、やっぱりすごく辛そうで。子どもは小学生だったかなと思うんですけど、それでもやっぱりまだ時間の調

整難しいですよね。18時までお客さんのところにいて、その後打ち合わせというのがスタンダードなので。

マミートラック問題の難しさは、「ワーキングマザー自身がマミートラックを望んでいる」と見えることである。子どもとの時間の確保のために本人が「第一線」に戻るのをためらう。その背景には、「第一線」が働きにくいという前提があり、前提が変われば本人の選択も変わる可能性がある。しかし実際には、本人の希望も尊重するからこそ「マミートラック」に塩漬けされてしまうことが起こりうる。さらに、働く母親の増加に伴って、マミートラックが定員オーバーになりつつある企業もあり、対応が急がれている。

「マミートラック」の何が問題か

マミートラックにはまると、長期的に昇進・昇給に大きく差が付いていくことが予想される。しかしそれだけではない。より重要なのは「やりがい」の問題だろう。

心理学では、賃金などの「外発的動機づけ」よりも、仕事そのものに対する意欲である「内発的動機づけ」の方が就労意欲を高めるとされる。しかも、本調査対象者は、仕事による自己実現プレッシャーを受けてきた世代である。「やりがい」を奪われることは、就労意欲そのものを引き下げる可能性が高い。

経営学者の高橋伸夫（2004）は、従来、日本企業は社員に対し、金銭的な報酬よりも、「次の仕事」によって働きに報《むく》いてきたとする。仕事への高評価が、やりがいのある「次の仕事」につながり、結果として昇進や昇給をしていくというのだ。

ところが、ここで「評価」されるのは、客観的に計れる成果や生産性というより、長時間労働に象徴される「企業へのコミットメント」であることが多い。となると、時間制約がある社員が評価されないことによって失うものは、昇進や昇給だけはなく、仕事内容そのもののやりがいとなる可能性が大きい。

復帰後の「過剰な配慮」

ある女性がマミートラックに陥っているのかどうかは、長期的、かつ相対的に評価しなくては判断が難しいが、復帰後の仕事が妊娠前に比べてどう変化したかは、本人たちの語りから比較的明確に分かる。

育休からの復帰後の配置は法律上、元職復帰が基本で、育休の取得を理由とした不利益処遇は禁止されている。そのため、本調査でもほとんどが産休前と同じ部署に戻っている。
しかし、妊娠中に切迫流産、つわり、切迫早産などがあり、仕事の量が減らされているか、部署異動をしているケースが一部見られる。また、本人の希望に反して、復帰後に部署が変わったり、仕事の内容が大幅に変わったりしているケースもある。
もともと職場に女性総合職自体がいなかった建設会社の退Aは、次のように話す。

退A：〔復帰後は〕総合職なんですけど、給与体系は変わらずに、一般職付けの業務だけをやらされるようになったんです。外回りには一切出ないし、分かりやすいところでいうと、前まではスーツ着て出勤してたのに、私服でいいってことになったんです。部署全体が、女性は基本、外に出なくて内勤だよねっていう部署で……お茶くみっていったら存在するか分かんないですけど、そういう扱いの、事務の備品頼むとか。

自身も出版社で働いた後に、研究職に転じた杉浦浩美（2009）は、妊娠中の女性労働者に注目した研究で、「産む身体」に対する「無視・無関心」と「過剰な配慮」という2つの態度について、「労働する身体」への過剰が「産む身体」への「無視・無関心」を生じさせ、

「産む身体」への過剰が「特別扱い」という労働からの排除を生むとして、ともに問題視している。ここでは、復帰後社員に対しても「過剰な配慮」が発生していると言えるだろう。過剰な配慮による特別扱いは、一見、女性のために行われているように見えるが、対象者たちはやりがいを奪われた感覚を覚える。企業の総合職は、様々な部署を異動したり、出向や転勤を経て、徐々に責任範囲やポジションを上げていくことが一般的だが、過剰な配慮が続けば、長期的な経験の差が昇進などに影響を及ぼすと予想される。

退Bも、「勝手に私は定型業務とか、外に出ないとか、後方支援っていつの間にか条件がついてた。何回言ってもそういう条件が外れなかった。必要とされてないのが辛かった」と、仕事が「暇」であったことの苦痛を訴える。その経緯は7章で触れるが、「〔妊娠前は〕価値を出している気がしていたし、役に立ってる気がしたんだけど」「〔復帰後は〕誰かに必要とされて誰かの役に立ちたいのに、期待持ってもらえない」と、3カ月後に退職することになる。

本調査では、妊娠が判明したときの上司への報告と、その対応についても質問をしているが、過剰な配慮を受けた4事例については、調査対象者たちの認識では、いずれも当該上司にとって、部下の初めての妊娠であった。

妊娠判明時の対応は「腫れ物にさわるような」（退A）、「部長は（部下の妊娠が）初めてでたどたどしい感じ。どうしたらいいのかな、とかいう感じ」（予G）であり、前例がない中で復帰後の女性の置かれた状況や意欲をくみ取りきれておらず、過剰な配慮が発生している。

全く「配慮なし」でも厳しい

一方、杉浦の言う「無視・無関心」にあたるような事例も見られた。退Cの場合、新卒で入社した外資系金融機関に比べて、「だいぶ働きやすい」調査会社に転職していたが、妊娠前は仕事量が多く、平日は終電で帰るような毎日で、土日も出勤してこなしていた。退Cは妊娠中につわりなどで体調が悪く、「終電で帰るような生活は絶対できない」と何度も上司に訴え、仕事量を減らしてもらっていた。しかし、育休から復帰すると、仕事量は妊娠する前の量に戻った。「復帰したばっかりで仕事減らしてくれなんて部長にも言えなくて」と、結局持ち帰って仕事をする日々が続いた。

このケースでは、仕事内容が変わらないものの、量も変わらず、残業ができないという「制約」を無視した仕事量が課されている（そもそも定時に終わらないことが前提の仕事量が課されており、残業ができないことが「制約」となってしまうことがおかしいのだが）。

退C：仕事的にこの案件は私が担当しているとなったら、他に誰もサポートがついてなくて、たとえばその案件でトラブル発生があったり、もう少し掘り下げてリサーチしないとってことが生じたら全部私が責任持ってやらないといけないので……それを誰かにポンと投げられるような状況でもないので、結局持ち帰ってサービス残業みたいな感じで。

7章で詳しく触れるが、退Cは、他の要因も複合的に絡むものの、結局4カ月後に退職を選ぶことになる。

「過剰な配慮」でも「配慮なし」でも厳しいとなると、「じゃあどうすればいいのだ」と思うかもしれない。次節では、適切な配慮ができていると見られる事例を見ていこう。

「仕事内容は変えない」が重要

ワーキングマザーが働きやすい職場環境とはどのようなものだろうか。継続の見通しが立っている対象者たちから挙げられたのは、仕事の量は調整してもらいながらも、内容（質）は変わっていないという点だ。

「〔勤務時間は〕10～17時なんだけど、妊娠前と給料も内容も変わらない」（続I）、「量を調整するだけで、内容がつまらないとかそういうことはない。その人に対してこの仕事量が適切かを常に上司は目を光らせてる」（続L）と、仕事内容は変更がなく、量については上司と本人のやりとりの中で負荷が決められている。

先ほど、評価や処遇が周囲の不公平感に与える影響について触れたが、時間制約のある社員自身にとっても、仕事に対する評価が納得感のあるものかどうかは重要である。元から残業が全くない職場であれば、定時、もしくは1時間程度早く時短で退社することによる仕事量の調整は、さほど必要ないはずである。

また、残業する社員が多い職場でも、きちんとそれに対する報酬が残業代として支払われていれば、残業をせずに帰る社員の成果が多少下がっても、コスト（残業代）がかからない分、企業への貢献は大して変わらないはずである。

しかし実際は、残業ができないことで、単に量が減るのではなく、参加できない会議や接待が発生するなど、本人の能力とは関係ない理由で一部の仕事しかできなくなることがあり得る。また、評価軸が必ずしも明確ではないため、場合によっては残業なしで以前と変わらない量をこなし、むしろ時間当たりの生産性は上がっているのに、長い時間いないというだけで上司の印象が悪くなるというケースも多いと見られる。こうした上司の印象は、実際に給与などには影響を与えないとしても、本人の「居心地」には大きく影響を与える。

日本企業の総合職は、「総合」という名のとおり、求められる仕事が何で、それをどのような基準で評価するかが定まっていないことが多い。いくら企業が両立支援制度を作り多様な働き方を認めても、評価制度が「企業にフルコミットできる人」しか想定していないものであれば、多様な人材が活躍できる素地が整っているとは言えない。

制度の柔軟な運用

本調査では、育休復帰後に実際に就労継続に役に立った制度としては、フレックスタイム（続M）、在宅勤務（続J）、短時間勤務制度（以下、時短制度）の柔軟な運用（続K）など、いずれも企業が法律の規定を越えて用意している制度が挙げられた。

たとえば続Kは、子どもが喘息《ぜんそく》になり有給休暇を使い果たしてしまった時期に、所属企業の、柔軟に運用できる時短制度が有用だったとしている。続Kの所属していた企業の時短制度は、毎日時間を短縮する方法と、1日当たりの時間は定時だが「週4日勤務」にする方法を選べるようになっており、「通院のときに有休（有給休暇）使うと〔いずれ〕欠勤になっちゃうよって言われて、週4日勤務にさせてもらって」働き続けることができたと言う。
続Jも、企業内で試験的に運用され始めた在宅勤務制度を使い、「体制に恵まれて、時短でも仕事ができて、かつ活躍してるぞってのをやれる状態が作れた」としている。
また、こうした制度があるだけではなく、柔軟に使える風土が重要であるとの言及も多かった。続Mは企業が定めているフレックスタイムについて、次のように説明する。

続M：在宅で仕事ができるの本当は週4日までで、そうじゃなければ9時にきて17時までいないといけないんですけど、上司がワーキングマザーということもあって、分かっていただいて、関係各位にも話をして、16時に退社してフレックス〔タイム制度〕に育児早退って制度をかませて、早めに帰れるってのを〔やらせてもらっている〕。残りの分は、子ども寝かせてから1〜2時間仕事をしてると。運用でカバーしています。

子どもが小さいうちは、急な発熱や感染症のリスクが高く、その時々、利用したい制度が変わる可能性もある。また、住んでいる場所や育児資源によって、最適な「仕事と育児の方法」は異なる可能性もある。一律的な制度があるだけではなく、ケースバイケースで対応する柔軟性が、継続の可能性を押し上げていることが分かる。

上司や同僚とのＷｉｎＷｉｎの関係

一方、法定以上の制度があるわけではないが、本人と上司の工夫で働き方を決めているケースもあった。予Ｅは、入社以来、広告会社の営業を担ってきたが、復帰後は「営業として営業にいるわけではなく、実は給与体系とか勤務業態は、人事とか総務とかコーポレート系という会社内の相手をする部署と同じ給与体系」に変更している。

営業として在籍すると、「私の分の売上目標がプラスされちゃう。そこまでの覚悟はない」ため、本人も望んでいない。そこで、営業よりも基本給が４〜５万安く、「人事の人が一緒に営業を手伝っているという形」になるよう上司と取り決めをしている。売り上げ目標を課されることなく売り上げに貢献できるため、上司や同僚とも「ＷｉｎＷｉｎの関係」と言う。ただ予Ｅによれば、社内のすべての営業系部署でこの方法を使える環境があるわけではない。

予Ｅ：〔社内には〕それ〔コーポレート系の給与体系で営業をすること〕ができても選ばない女性もいるんですよ。「女なんて」みたいな部署もあるので、「あいつ時短で楽しやが

って」みたいな所だと……人事の人とかが「いやね、あの人はお給料全然違うんですよ」って言ってくれたらいいんだけど、それが分からないと居心地悪いですよね。私はたまたま上司が「どんどん産め」って人で、担当のお客さんも食品系で〔予Eが〕母であることをありがたがってくれてむしろ価値発揮できる部分があるのはありがたいんですけど。

ここでは、妊娠前に比べて仕事量が減っていると本人も感じている場合、賃金水準が異なることが、早く帰ることへの本人の罪悪感や周囲の不公平感を減らす効果を持つことが示唆《しさ》されている。賃金体系が可視化されておらず、その効果が期待できなければ、結局、「柔軟な対応」を受けることすら躊躇《ちゅうちょ》してしまう。

夜の会議や飲み会、残業が常態化している営業部門で、育児による制約を抱える社員にどのように活躍してもらうかは、多くの企業の課題である。商社の続Nも、比較的育児中の社員に理解がある自分の部署は、専門的知識を必要とする特殊な部署であり、「営業とかだと、完全に最前線から外されちゃう」という。

予Eは、「〔営業でもワーキングマザーを活用できないと〕人事とか総務が、ママだけにな っちゃう」と話す。予Eの事例からは、企業としては上司次第となっている点で課題があるものの、制度・文化の浸透と風土の改善が伴ってくれれば、仕事の振り方と評価方法次第で、時間の制約がある社員も営業部門で貢献できる可能性が示唆される。

上司と本人の工夫で働きやすさを確保している事例は、いずれも本人の猛アピールが必要となっている面もある。続Nは、育休から復帰後、「『私は出張も行きます、留学目指すんです、そのためには深夜問わず、昼夜問わず、仕事します』っていうのを宣言すれば、〔子育て中であろうが〕それはもうフルで仕事を振ってくれる」とする。

通常、日本企業の総合職は、新卒一括採用を実施し、出張や転勤、留学など、様々な経験をさせることや、少し目線の高い仕事を任せることで社員を成長させていく面がある。

これに対し、育児中の女性社員は、本人が力説し猛アピールしない限り、通常の「育成ルート」からこぼれおちていくように見える。詳しくは7章で事例とその課題を説明するが、働く母親が、自らアピールして自己責任で仕事を引き受けていく葛藤は非常に大きい。

「不都合な職場」は入社時点で決まっている

これまでの語りを参考に、復帰後の処遇を次の4つのグループに分けてみよう。

過剰とも言える配慮を受け、仕事内容が大幅に変わった〈**過剰な配慮**〉（4事例）。あまり

表5　入社後の職場環境と復帰後の処遇、復帰後経路

		復帰後の処遇			
		〈制度・文化の浸透〉	〈本人と上司の工夫〉	〈無視・無関心〉	〈過剰な配慮〉
入社後の職場環境	〈WM活用職場〉	続I 続J 続K 続L 続M 続O	続N		
	〈前例一応あり〉		予H	退C （退D）	退B 予F
	〈WM非活用職場〉		予E		退A 予G

※退C、続Jは入社時点から転職しており転職先の妊娠時点の企業。退Dは育休取得せず

配慮がなく、子育て中だからといって仕事量を減らせず負担が重かった〈**無視・無関心**〉（2事例）。制度を柔軟に運用させることで、産休前と同じ内容の仕事を、量を調整しながら担当することができた〈**制度・文化の浸透**〉（6事例）。制度・文化の浸透はないものの、本人と上司の工夫や努力で両立しやすい環境が整えられている〈**本人と上司の工夫**〉（3事例）。

入社後の職場環境認識と、復帰後の処遇、経路を表5で確認すると、かなり連動しているものの、復帰後経路を規定する上では、入社後の職場環境の方が影響が強いことが分かる。

入社後に〈**WM活用職場**〉と認識しているケースは、すべて復帰後も〈**制度・文化の浸**

透〉〈**本人と上司の工夫**〉で、両立できる職場環境に置かれており、継続グループになっている。WM活用の前例がある職場環境は、復帰後社員の対応に慣れており、制度・文化の浸透や上司の理解があるからこそ前例が生まれている面もあるだろう。

一方、〈**前例一応あり**〉〈**WM非活用職場**〉に入社した事例では、〈**制度・文化の浸透**〉を得られているケースが全くなく、〈**本人と上司の工夫**〉があるケースも含めて、退職・予備軍グループになっている。

（2）どうして不都合な職場を選んでしまうのか？

やりがい重視の就職活動

就職した職場の環境が出産後の就労継続に影響を与えることが分かった。それでは対象者たちはどんな経緯で職場に入っていくのだろうか。他の企業から内定をもらえず、仕方なく厳しい職場に入社しているのだろうか。

まず、一般的なデータを確認すると、2章でも述べたが、近年の新入社員の企業選択理由で最も割合が高いのは、「自分の能力・個性が生かせるから」（2010年度で35％）だ。女子学生に特化した研究（青島祐子・関口礼子〔2000〕）では、複数回答可の選択肢のうち、「能力を発揮できる」「安定した職業である」を挙げている女子学生は5割以上。「結婚や出産後も続けられやすい」「給料がよい」も4割前後にのぼる。

本調査では、まず就職活動時の企業選択理由について自由に話してもらった。その結果、今回の対象者は、ほぼすべてのケースで、企業選択の基準として、まず仕事の中身について言及した。

「何かを作り出す仕事。有形無形問わずクリエイティブ。それに対して、自分の意思とか思いを入れ込める余地があること。それが社会に対してインパクトがあるもの」（続L、通信）、「当時は利益出していくというのに性が合わなくて。パブリックっぽいところがいいなと」（予G、マスコミ）のように、自分の言葉で判断軸を設定していたり、「デベロッパー的なことをしている会社を結局選んでました。なので大手不動産会社、ハウスメーカーとかばかり受けてましたね。都市計画とか割とそういうもの作る機会多いような」（退A、建設）などと業種で説明したりしている。

就活を勝ち抜いた「就活エリート」が離職する理由を著書で分析した豊田義博（2010）は、次のように書いている。

会社に頼って生きる時代は終わった。自分のキャリアは自分で考えなくてはいけない。会社の意のままになるのではなく、自分が何をやりたいのかを考えて、その実現に向けてキャリアをデザインしていかなくてはいけない……。こうして、企業側と個人側の意志は結びつく。双方が、それぞれの意志のもとに『やりたいこと』を中心において対話をする時代に突入したのだ。

豊田は、「就活エリート」にこのような「やりたいこと」を重視する傾向が強いことを指摘しているが、本調査の対象者も例外ではない。

「女性の働きやすさ」とやりたいことの兼ね合い

では、「女性の働きやすさ」についてはどうだろうか。就職先としての選択肢がいくつかあった中で、絞り込む際に、「女性の働きやすさ」を条件として持ち出しているケースがいくつか見られた。続Kは、次のように話す。

続K：もともと子ども産みながら働きたいというのはずっと思っていて。自然と〔母〕親がロールモデルだったんだと思うんですけど、親がずっと共働きで、自分も子ども育てながら働くと思っていて、就職活動もずっとそれが前提で、働きながら子ども育てられるところを探していました。まずはやりたい内容から探して、その中からふるい落としていく。だいたい会社の説明会行ったときに先輩紹介とかあるじゃないですか。そこで、そもそも女性が全然出てこないとか、出てきても事務やってますみたいなかんじで制服着て、いかにも事務っぽいところは〔ふるいで落とす〕。

また、続Lの場合、「やりがい」を最重要視するのではなく、自分が女性であることを前提に「働きやすさ」を重視している。

続L：〔インターンシップ先の企業について〕私が男性だったら迷わずいいなって思ってたと思うけど。お給料もいいし。やりがい、責任ある仕事も若いときから任せられるし。けどやっぱり男性社会だなってのがすごくネック。〔調査者：内定を複数もらった中で、現在の企業を選んだ理由は？〕女性が本当に働きやすいってのを女性社員みんなが言っていて。2、3人産んでも働けるんだよってのを。ずっと××社〔入社した企業〕で働くかどうかは正直分からなかったけど、でももし働くことになったときに、「でも子どもがどうだからやめなきゃ」とかそういうことがないようにしておきたくて。

ここでは、一般的な「福利厚生」を重視するというよりは、あくまでも女性目線の就職活動をしていることが分かる。8章で詳述するが、このような「女性の働きやすさ」の重視は、先行研究のジェンダーの社会化の文脈からすれば、「女性向き職」＝腰掛け的キャリア意識に近いものと捉えられる可能性がある。しかし、本調査の調査対象者の発言から分かるのは、「楽そうだから」「あまり働きたくないから」という「脆弱」なキャリア意識ではなく、「長く働き続けたいから」という観点で「女性の働きやすさ」が捉えられていることである。

買い手市場の中で覆い隠される不安

では「女性の働きやすさ」を重視しなかったケースでは、なぜしなかったのだろうか。理由の1つとして、特に買い手市場という、立場が弱い中での就職活動の雰囲気が挙げられた。

予Fは「辞めないための選択肢はあった方がいいよなって、〔育休を取って〕復帰できる条件があるところをというのはありました」と言うが、「あまりにひどい状況でなければ……一般的であればいいかな、と。女性の管理職もいたので、あまりにひどいことはないだろうと思って」と、働きやすさは「多少は気にしていた」程度だ。その理由については「私自身、就活がうまくいったわけでもなくて、選べる立場でもなかったので」と述べている。

特に就職氷河期であったとされる2003年前後の就職活動を経験した調査対象者は、「書類で落とされたり、全体としては厳しかった」（退B、2003年）など、就職活動での買い手市場に直面しており、積極的には選ぶ側でなかったという声が挙がった。

しかし、就職のしやすさにかかわらず、就職活動の流れの中で、疑問や不安を覆い隠してしまう面もある。就職率の比較的良かった2007年に就職した退Cは、入社した外資系金融機関の採用過程で、「もともと結婚したり子ども産んで働く場所ではないっていう大前提があって」「こわいおじさん、超忙しそうな人に『女性として』とか言えない」と感じたという。

本人の頭には不安がよぎっても、面接の中で覆い隠さざるを得なくなる事例もあった。マスコミの採用について、予Gは次のように語る。

予G：やばいなとは思ってた。このままいくとまずいなと。転勤問題も一生ついてまわるし、どうすんだろうと漠然と思っていて、会社の先輩に聞いても解決していない人ばっかりで、一緒に頑張ろうみたいな感じで。でも面接で出てきた偉い人とか「結婚しても辞めないでね」とか言うし、どうしようかなと思いながら突入しました。

予Gは入社した企業について、女性が働き続ける上で課題があることは「前から分かってはいたよね、〔内定を〕もらう前から」としながらも、当時「〔やりたい〕仕事の内容が先立っていた」という。最終面接で「『結婚したらどうするのか』みたいなことは〔面接官に〕詰められた」が、内定を取ろうとしている段階で就職活動生側は答えようがない。

予G：〔面接官は〕「〔結婚しても〕辞めないよね」みたいな。でもまぁ「辞めないです」しか言えないよね。そこまできたら一応内定取ろうという気持ちに自分もなってるし。まぁ「頑張ります」みたいなこと言った気がするけど、「そんなこと言われても」って思った気がする。

女性が活躍できていない多くの企業は、「結婚しても辞めない」ことを面接で求めながら、辞めないで済むための方策を用意したり説明したりするわけではない。

もちろん、本来は男女双方が、様々なライフイベントをふまえても平等に働ける環境があれば、女性のみが「女性の働きやすさ」を気にしたり、女性のみに「結婚・出産後も続けるかどうか」を聞いたりする必要はないはずだ。しかし、実態は、出産後の女性が続けやすい環境ではなくても、企業側は就活生に、環境・制度に関する質問をさせない雰囲気を醸《かも》し出し、逆に面接では、女性側の覚悟や意欲の問題であるかのように質問をする。

「女性の働きやすさ」を重視する就活生は、面接で女性の覚悟を問いかける企業を「願い下げ」と考える可能性はあるが、基本的には企業側が選ぶ側である面接の場で、就活生側は本音を言いづらい。

こうして、双方が、いずれぶつかる「結婚・出産後はどうするのか」という難題に目をつぶりながら、建前としての「頑張ります」を盾《たて》に、採用の波に身を任せていく。

企業論理の内面化と「女子アレルギー」

女性活用、女性向けセミナー、女子会……。女性の中には、このように取り立てて「女性」だけに注目した取り組みにはできるだけ参加したくないという、一種の「女子アレルギー」を持つ人たちもいる。就職活動でも、「女性の働きやすさ」を単に重視できなかったりしなかったりしたのではなく、嫌悪感を覚えていたケースがあった。

「女性の働きやすさを重視しましたか」「福利厚生が整ってるとか、そういう選び方をする方もいらっしゃると思うんですけど」という質問に対し、退Aは次のように語る。

退A：会社説明会でやたら「女性なんですけど」ってアピールして質問してる人〔＝女子学生〕がいて、「なんだかな」と思ってたのを今思い出しました。こんな融通《ゆうずう》の利かない人たち採るのかなと思って見てました。なんか、考え方がしっくりこなかったというか。

退Dも「福利厚生が充実してるとか、そういうお得な会社を聞いて、そういう方に行く自分をずるいって思っちゃうし、それで幸せになれるんだろうかって思っちゃう」、予Gも「たとえばほどほどの仕事をして……経済的には養ってもらいたいという考え方の子に対して、それも選択肢の1つかもしれないけど、心のどこかでは甘えてるなっていう思いがあった気がする」と批判的だった。

ここでは「女性が働きやすい」という言葉に「腰掛け、お得」など従来の寿退社を前提とした一般職に近いイメージが語られ、それに対する「甘い、ずるい」といった非難が、しばしば別の女子学生に向けられている。

本田由紀（2007a）は、『好きなこと』や『やりたいこと』を仕事にすることが望ましいという規範は、マスコミでの喧伝《けんでん》や学校での進路指導を通じて、すでに若者のあいだに広く根づいている」とし、若者たちの中に「〈やりがい〉の搾取《さくしゅ》」を受け入れてしまう素地が形成されているとする。

「やりがい」と「働きやすさ」の両方を得られる企業を志望し、採用されればいいが、この2つが抵触する場合、「働きやすさ」についての質問や重視の姿勢は、脇に追いやられることになる。

「子どもも産むことも全く想定してなかったし、産みたいとは思ってたけど、産んだら産んだで考えればいいし、先例がなければ切《き》り開けばいいし」（続N）のように、自分はそのような条件がなくてもやっていけるとの自信がうかがえる事例もある。

このような発言からは、女性であることを強調したり、「働きやすさ」を重視する姿勢を示すことによって、採用が不利になるのではないかという考えが見え隠れする。そこに垣間《かいま》見えるのは、就職を勝ち抜くために「本音では重視したいが、採ってもらえないので建前としては隠しておく」という「戦略」というよりも、「働きやすさ」という条件に対する嫌悪や違和感であり、企業規範の内面化である。

「女性の働きやすさ」の重要性

女性の働きやすさの重視度合いを5つにカテゴリー分けしてみよう。〈**重視した**〉ケースが4事例、よっぽどひどくなければいいと考えた〈**多少は気にしてはいた**〉ケースが2事例、ほぼ〈**意識していなかった**〉ケースが4事例、〈**嫌悪感を覚えていた**〉ケースが4事例、「20代はバリバリ働いて、働きやすさはそのあと考える」と〈**先延ばしした**〉ケースが1事例だった。

なお、どのような条件を「女性の働きやすさ」と認識するかは、対象者の認識に任せた。

経済産業省（2013）は、女性活躍の進み具合を測る評価軸として、「働き続けやすさの軸」（平均勤続年数の男女差など）、「活躍のしやすさの軸」（女性の管理職比率の伸び率など）を挙げているが、実際には対象者の中で、就職活動時に勤続年数、女性比率、女性管理職比率などの数値を気にしていたという声はなかった。

ハード面としては、「規模が大きい方が代替が利くので産休が取りやすい」（続M）、「勤務

表6　就職活動時の「女性の働きやすさ」重視度合いと入社後の職場環境、復帰後経路

		入社後の職場環境		
		〈WM活用職場〉	〈前例一応あり〉	〈WM非活用職場〉
就職活動時の「女性の働きやすさ」重視度合い	〈重視した〉	続L 続K 続M 続O		
	〈多少は気にしていた〉		退B 予F	
	〈意識していなかった〉	続J	退C 予H	予E
	〈嫌悪感を覚えていた〉	続N	退D	退A 予G
	〈先延ばしした〉	続I		

地が東京で、あまり全国転勤がない」（予F）という基準が一部語られたが、多くは、説明会などに活躍している女性が出てくるかや、OG訪問やインターンシップでの印象が「女性の働きやすさ」基準につながっていた。

　では、「女性の働きやすさ」の重視度合いは、実際に入社した職場環境に影響を与えているだろうか。前節で扱った職場環境についてのカテゴリーと重ねた分布を表6で確認すると、「女性の働きやすさ」の重視度合いと、実際の職場環境は、ある程度連動していることが分かる。続L、続K、続M、続Oと、「女性の働きやすさ」を〈**重視した**〉4事例が全員〈**WM活用職場**〉に入社している。続I、続Jは、重視していなかったものの、男

女にかかわらず転職することが一般的なベンチャー色の強い企業や外資系企業に就職しており、もともと新卒就職先に勤め続けることは計画していなかったという共通点がある。

なお、続Iは、「新卒就職先を選ぶ理由」としては、「働きやすさ」という条件を外しながらも、転職先としては「働きやすさ」を考慮する可能性を残していた。一方、続Nは、自らも「結果的に良かった」というように、女性の働きやすさ基準で仕事を選んでいなかったものの、「たまたま女性が働きやすい企業・部署に配属された」と述べている。

このように見ていくと、続I、続J、続Nのような一部の例外を除き、「女性が働きやすい」環境について、積極的に情報を取得して企業を選んでいるケースは、基本的に**〈WM活用職場〉**に入社でき、継続グループに該当しやすく、重視できなかったケースや重視したくなかったケースで**〈前例一応あり〉**や**〈WM非活用職場〉**に入り、復帰後経路での退職や予備軍グループにつながっていることが見て取れる。

さて、ここまでで、職場が重要なこと、しかし女性が働きづらい職場をあえて選んでしまう構造があることが分かった。ここに潜む問題については8章で詳しく説明する。結論を急ぐ人は8章の（1）節を読んで欲しい。しかし、実は問題はもっと複合的であることを理解するために、次に育児資源の問題についても見てみよう。

4章　期待されない「夫」

（1）夫の育児参加は影響を及ぼすか？

イクメンという言葉が浸透し、保育園の送り迎えで男性を見るのも珍しくなくなった。石井クンツ昌子（2013）は、少子化対策として父親政策が出てきたことや、メディアの取り上げ方により、父親の育児・子育て意識は高まりつつあると述べる。

家事や育児はもともと女の仕事と決まったわけではないが、こと育児に関しては、出産後に最初にお世話を習うのは女性でもあり、夫の出だしは遅れがちだ。里帰り出産などをしていれば、そして育休の期間が長ければ長いほど、なおさら育児は女性に偏りやすくなる。女性の社会進出が増えるにつれ、男性の家庭進出も増えるべきで、本来これは、車の両輪であるべきだ。

実際、先行研究では、就労継続や2人目以降の出産に、夫の育児参加がプラスに働くという結論が出ている。しかし、「男性の家庭進出」の実態は、まだまだ道半ばだ。総務省の「社会生活基本調査」によると、平成23年調査で、末子が就学前の共働き男女の1日当たりの家事関連時間は、女性の247分に対して、男性が67分と、女性に大きく偏っている。

船橋恵子（2006）は、日本・フランス・スウェーデンの3カ国にわたり、「育児をシェアしている」と自認する、もしくは他薦された「先進的」な夫婦へのインタビューを分析し、夫婦の育児への関わりを「平等主義」「役割逆転」「女性の二重役割」「男性の二重役割」の4類型にまとめ、先進的な事例でも、ジェンダー秩序への方向付けが残ることを指摘している。

妻に偏る負担

夫の育児参加の測り方については、先行研究では家事時間などを指標としているものが多い。代表的な研究として、松田茂樹（2005）は、夫の家事分担率が10％未満の場合には、妻が第1子出産後に離職する割合は6・8％、10〜30％では10〜11％、それ以上に分担率が上がると離職率が低下するとしている。ところが、こうしてパーセンテージで示される事実は、実際の夫婦にとってほとんど意味を持たない（この結果を見て「じゃあ30％以上にしようか」とはならない）。

家事時間は、育休中、そして復帰直後の時短勤務をしている期間、さらに妻がフルタイムに戻ったとき、と、時期により大きく変動する上、多くの夫婦の実態としては、「私が平日1日5時間やっているから、あなたは休日にこれくらいの時間をやってほしい」と時間で役割分担をしているわけではない（私自身はしばしばそういう言い方をするが、そうすると夫の睡眠時間がなくなるので、家事＋仕事の時間で交渉するようになった）。

インタビューした15人の中には、平日、夫が日常的にほぼ半々の育児を担っている事例もある。続Oは夫と同一企業の同期で、次のように分担している。

続O：〔朝、保育園の送りは出勤時間が一緒なので2人で行って〕保育園に迎えに行ってごはん作るまで私で、〔その後夫が帰宅して〕お風呂入れて寝かしつけはやってくれる。朝も〔夫が〕身支度やってくれて、こっちが朝食作ったり洗濯干したり。子どもが熱を出したときには半休リレーして。午前はあっち〔夫〕が休んで午後はこっち〔妻〕が休んで。

同じように、夫の育児参加度合いが高い続Jの場合も夫婦は同業種で、かつ高校・大学からの同級生である。この2ケースで、夫の職場が特段仕事を休みやすいわけではなさそうなことを考慮すると、同期や同級生という対等な関係が、対等な分担につながっている可能性が考えられる。

その他の事例では、負担は大きく妻に偏っている。復帰前後の夫の平均帰宅時間を聞いた

表7　復帰前後の夫の平均帰宅時間

		復帰後経路		
		継続	予備軍	退職
復帰前後の夫の平均帰宅時間	21時	続O	予F	
	22時	続N	予G	
	23時	続I	予H	
	24時	続L		退C
	1時	続J 続K	予E	
	2時〜			退A
	海外・別居			退B (退D)

※退Dは退職前後で夫も離職し、別居期間も

ところ、表7のように23時以降が半分を占め、大半の夫が長時間労働をしている。

つまり、保育園のお迎えから食事、風呂、寝かしつけなどは、ほとんど妻の仕事で、平日夫が育児参加をしているケースも、多くは朝の保育園への送りに限られている。

特に退職グループの夫は、別居か帰宅時間が遅く、夫の不在状態が妻の退職に影響を与えていることが分かる。

夫の育児はさほど重要ではない

復帰時の夫の育児参加、その評価を聞いた上で、内容をカテゴリー化し、緊急時の対応も含めて仕事を調整して平日育児参加している〈**仕事を調整して育児**〉（2事例。続Oは、

表8　夫の育児参加度合いと復帰後経路

		復帰後経路		
		継続	予備軍	退職
夫の育児参加度合い	〈仕事を調整して育児〉	続J 続O		
	〈仕事に支障のない範囲で育児〉	続I 続M 続N	予E	退A 退D
	〈平日の育児なし〉	続K 続L （続O）	予F 予G 予H	退B 退C

※続Oは復帰後数カ月で夫の単身赴任が決定

復帰後数カ月で夫の単身赴任が決定し、平日の関与がなくなった）、平日夫の仕事に支障のない範囲で決まった役割を担っている**〈仕事に支障のない範囲で育児〉**（6事例）、平日の参加については日常的にほとんど関与がない**〈平日の育児なし〉**（7事例）に分けた。

この「夫の育児」カテゴリーと復帰後経路をクロス表にすると表8のようになる。

育児資源が退職・予備軍・継続の経路に影響しているかを表8で確認すると、夫の参加がある方が継続しやすいようには見えるものの、夫の育児参加がなくても継続グループになっているケースもあれば、ある程度の育児参加があっても退職・予備軍グループとなっているケースもある。

夫の育児参加は退職・継続を決める一要因とはなりそうだが、前章で見た職場環境ほどには、決定的な分岐点とはなっていない。(だからと言ってやらなくていいわけではない!)

転勤は退職要因にならない

ところで、出産前、出産後にかかわらず、夫婦いずれかの転勤は、退職の理由になり得る。15人の中で夫か本人に転勤が発生した場合、復帰後経路に影響は与えているだろうか。

復帰直後~1年以内に、夫もしくは自分の転勤で、夫婦別居の見通しとなったケースが4事例(退A、退D、予G、続O)あった。しかし、夫との別居や夫の単身赴任が、復帰後経路を決める決定的な要因になっているわけではない。具体的に発言を見てみよう。

夫の転勤に合わせて退職することになる退Aは復帰後、前章で説明した〈**過剰な配慮**〉により、一般職的な仕事に従事しており、「夫には単身赴任してもらって、別居して子育てしながら働く選択肢はありましたか」という質問に対して、次のように答えている。

退A:私がそこまで一人で無理したからといって、自分が望むような仕事の仕方とかがすぐ来るとは思えなかったんです。夫の同僚の××さんの奥さんが一人で東京で〔子どもを保

育園に」預けながら責任ある仕事できてるみたいな話聞いて、それに比べたら自分の能力とか、会社にそこまで必要とされてないんじゃないかと思うようになっちゃったんですよね。

退Aの場合は、転勤が決まる前も夫は多忙で、転勤により育児資源が足りなくなることがネックというわけではなかった。退職の経緯は7章で触れるが、会社から必要とされていると感じて高付加価値の仕事ができていれば、やりがいを失わずに、別居しながらキャリアを継続した可能性が高い。

一方、続Oは、夫とほぼ半々の分担をしており、夫が不在になることは育児資源としてはかなり痛手だったはずだが、別居しながらの就労継続を選んでいる。「夫の転勤についていく選択肢はありましたか?」という質問に対し、「仕事しながら育てるのが大変だから辞めてついていくっていうのだったら、その先に何があるのかって思う」と話す。「ゆうても陸続きやし。4年って決まってるし」と、夫の転勤場所が、週末に夫が帰ってくることができる範囲であること、期間も限定的であることを理由に、万が一のためのファミリーサポート制度や病児保育などへの登録をして、夫抜きでの仕事と子育ての両立を決めている。

かみ合わない勤務地

ただ、配置転換が全国規模で頻繁にあり、別居の期間が長かったり、転勤先が海外や遠隔地であったりすれば、夫や自分の転勤は継続を断念する要因になり得る。

たとえば全国展開のマスコミの場合、ローカル採用でない限り、全国を転々とすることが多く、夫婦ともにこのような業種である場合、同居の見通しを立てることが難しい。マスコミ勤務であった退D、予Gの企業では、それぞれ、同一企業内で結婚した場合、東京のような大所帯の配属でない限り、同じ職種の夫婦は同じ都道府県内に配置しない慣行があった。

社内婚だった退Dは「19年間の結婚生活で17年別居していた先輩夫婦がいて、私には無理だと思った」とし、育休を取得せずに退職することになる。同じくマスコミの社内婚である予Gは、夫の赴任地で育休を過ごしたのち、復帰後はまた別の自身の赴任地にて母子で暮らしているが、別居が長期にわたることには不安を覚えている。

予G：うちは同じ支局はだめ。なので、〔夫婦で同じ〕××職やってる限り、永遠に同居できない。よくて佐賀と福岡とか……千葉と埼玉とか……その辺はかなり悩ましいです。生活拠点を今の場所か東京に定めて、異動がない会社に転職とかもありかなって思う。両者が異動し続けて、いったいどこでかみ合うのか……私は別に〔夫と離れていても〕いいけど、子どもにとって、父親がいない環境ってどうなのかなって。

これまで企業は、男性社員の転勤に伴い、その妻が退職して移住することを特段、問題視してこなかった。しかし、多くの企業では女性総合職が増えているにもかかわらず、女性社員が結婚した場合、あるいは夫婦が同じ企業内で結婚した場合の対処法を考えてこなかった。

全国規模で支店を持つ金融機関などで、配偶者の転勤に配慮した配属を行う企業も出てきているが、前例がないとの理由で夫婦が同じ職場で勤務することを避ける企業も多い。

就職活動で女子学生が転勤のない企業や職種を選びがちなのは、転勤がライフイベントとの両立ができるような見通しが持てないからである。特に出産年齢が気になる女性にとって、結婚適齢期に地方勤務をすることは、婚期を逃したり、結婚しても、従来の男性がしてきたように「地方で嫁探しをして、連れて帰ってくる」ことが想定できずに、キャリア継続と別居を天秤《てんびん》にかけないといけなかったりと、男性にとってよりも負担を伴うものとなっている。

「地方で知り合う男性は地方公務員や自営業で、転勤先についてきてはくれない」「社内婚をすれば一生別居し続ける」という状態であれば、結婚かキャリア継続かをトレードオフと感じる女性も多いだろう。企業にとっては出産前の若手の優秀な女性をつなぎとめる上でも、今後無視できない問題である。

（2）なぜ夫選びに失敗するのか？

3章で職場選びを見たのと同じように、夫選びについて考えてみよう。どうして育児をしない男と結婚してしまうのだろうか。仕事を続けることを前提としているのなら、専業主夫になってくれる夫でも見つければいい。

たしかに20代で出産し悲鳴を上げている私たちを見て、私の周りの未婚アラサー女性たちは、結婚相手の条件を「稼ぎは自分以上あって、育児家事もしっかりしてくれる人」とするなど、着々とハードルを上げている（私たちを反面教師にしてくれるのはいいが、その結果結婚できなくなる可能性も大いにあるので、結婚をしたい場合にその条件設定が本当に「賢い」かどうかは分からない）。

結婚相手選びにおける家事能力重視の姿勢は、年々増加している。国立社会保障・人口問題研究所の「出生動向基本調査」によれば、「いずれ結婚するつもり」と答えた18～34歳の未婚女性が、「結婚相手の条件として重視する」として挙げている項目の中では、1992年の第1回調査以来、9割前後と圧倒的に高いのが「人柄」である。

そしてこれに続くのが、「家事・育児の能力」(62・4%)、「仕事への理解」(48・9%)である。景気悪化を背景に2010年の第4回調査では「経済力(42%)」「職業(31・9%)」もやや上昇しているものの、「家事・育児の能力」は調査開始以来年々増加している。

しかし、そもそも一般的に、結婚相手に求めるものと、実際に結婚したときの理由はズレている。内閣府の2011年の「結婚・家族形成に関する調査」では、都市部の20代の未婚女性が「結婚相手に求める条件」は「性格」(97・8%)、「経済力」(79・4%)が圧倒的に高く、「家事能力」も28・5%が挙げている。しかし都市部の20代の既婚女性が実際に「結婚の決め手となった条件」として挙げているのは、「性格」(88・9%)、「恋愛感情」(49・5%)が上位で、「経済力」は34・3%に落ち、「家事能力」は16・6%にすぎない。

同類婚の法則

上野千鶴子(1995)は、「恋愛結婚」が昭和40年代に主流となってからも、見合い結婚が中心的だった時代と配偶者選択の結果は必ずしも変化しておらず、家柄、階級、学歴、年齢などにおいて「同類婚」の法則があるとしている。

最近の研究でも、名門大学を出た女性は、同じような入試難易度の大学を出た男性と結婚する確率が高いとするものがある（橘木・迫田 2013）。同程度の学歴は、「重視する」ものとして本人に意識はされていなくとも、暗黙の前提となっている可能性は高い。

こうした前提により、家事能力への評価はないがしろにされている可能性がある。江原由美子（2001）は、社会通念において、「女の成功」は、自分自身の努力で高い「社会的地位」に就くルートと、高い「社会的地位」の男性を勝ち得るというルートがあるとした上で、「仕事」も「夫」も得ようとする女性もいるものの、「自分よりも仕事の上で有能な男性を勝ち得ることが自分の『性的魅力』を確認させてくれる」が、「自分よりも仕事をしている場合は特に「自分よりも高い社会的地位の男性の妻となると、そうした男性たちが『家事・育児』に割《さ》くことができる時間的資源をほとんど持ってない場合が多い」ため、『性的魅力』による異性獲得競争に勝利することが、結果として自分自身の『社会的地位』競争において、相対的に不利になる」としている。

本調査の対象者は全員が20代で結婚しており、大学時代からの恋人と結婚しているケースが9事例にのぼり、付き合いが長くなり結婚している例が多かった。そうでないケースでは妊娠先行結婚が多いこともあり、条件を意識して配偶者選択をしていたケース自体が少ない。（内閣府の２０１１年の「結婚・家族形成に関する調査」でも、本調査の対象者と世代が重なる20代で子持ちの既婚女性が「結婚した理由」として挙げているのは、「好きな人と一緒にいたかった」が63・３％、「家族を持ちたかった」が44・０％、「子どもができた」が39・４％である。）

夫が高校や大学の同級生かサークルなどでの先輩であったり、企業内の同期や先輩社員であったケースが大半を占める。同等以上の学歴・職業で年上だったり、夫が年下である１事例では夫の方が学歴が上であったりして、妊娠前の収入ベースでは、社会人になった時期が妻の方が早かった2事例を除き、夫が妻と同等以上である。

意識していたかは別として、結果として江原の言う「自分よりも高い社会的地位の男性の妻となる」ことが大半のケースでできているわけだが、これが家事・育児に割ける時間を減らし、自身の仕事に影響を及ぼしているのだろうか。

妊娠先行の方が夫の育児参加が得やすい

まずは夫選びに成功していそうな事例から見てみよう。インタビューした15人の中で、夫の家事育児を得られている女性たちは、したたかに夫を選んだというよりは、2章で触れたような、一種無計画だった妊娠経緯が影響しているように見える。

たとえば続Nは、「夫の協力はかなりある。あんまり協力とは呼びたくないけど」と話す。10歳以上年上の夫は恋人時代、「一貫して早く産んだ方が良いという意見だったけど、こっちはその気は全くなく」という状態だったが、交際中に妊娠が判明。夫は産んでほしいという考えで「〔自分が夫に対して〕圧倒的に強い立場で出産に臨んでいる気がする」という。

予Eは、遠距離での交際中に結婚前の妊娠が判明したが、希望していた部署に配属されたばかりだった。

予E：行きたいところ〔部署〕に配属されて、これからってときだったんで、ほんとどうしようってかんじだったんですよね。〔夫は〕よく簡単に「産んでくれ」って言うね、みたいな。関係ないから言うんやろ、みたいなそういうレベルで話をしてて、大喧嘩っていうか。旦那は「頼むから産んでください」って。

結局、この話し合いの中で、予Eは「働き続けたい、しかも独身時代と変わらず、子どもによる制限を受けずに働き続けたい」と主張し、「最後は旦那が『産んでからそう思ったら、おれが仕事やめて主夫になる』とまで宣言」し、結婚・出産を決める。

予Eは実際には、夫に専業主夫になることや仕事を調整してまで育児を分担することを求めず、「私はたぶん本気でそう〔主夫になってもらおうと〕思っていたわけではなく、自分だけ働きたいように働けなくなる不公平さを訴えて〔夫に〕申し訳ないと思ってもらいたかっただけ」と振り返るが、こうした結婚の経緯から、他の事例に比べると、夫の育児参加を得る上で苦労していないように見える。

「働くことに理解がある」の勘違い

一方、「子どもが好きそうだった」「働くことに理解がある」など、育児参加してもらえそうな要素を気にしていたケースでは、実際の育児参加度合いには幅が出ている。妻自身も含め、結婚後すぐに妊娠することを想定しておらず、子育てを具体的にイメージできていないことが多く、結婚時の意図が失敗しているケースも多い。

「妻が働くことに理解がある」と思っていた夫が、じつは自分の自由やキャリアを犠牲にしてまで子育てをする気も、妻が働くことを支援するつもりもなかったということは、多くのケースで、子どもができて実際に夫婦間のコンフリクトが生じて初めて、判明する。

たとえば、共働きの両親を理想とし、早くから子どもがほしかったという続Kは、大学時代の恋人と、社会人になってすぐ結婚する。夫と付き合い始める前、「他にもちょっと気になる人はいたのですが、その人は『子どもはしばらくいらない』ってタイプだった」という。

その点、夫は子どもを産むことについては賛同していたことが交際の決め手となった。しかし、家事や育児については、「当然同じだけ分担するものだろうと疑わなかったので、そのへん確認もせず」にいたが、結婚・出産後に夫に家事能力もやる気もないと気付いた。

また、妻が夫に求めるハードルがかなり低いと思われるケースもある。退Dは結婚相手に求める条件について「圧倒的に男尊女卑的な考えの人は無理だった」と述べる。しかし、その具体例として挙げたのは「たとえば、女性は子どもを産むだけでいいと思っている、夫婦間の対話はなし、家事は一切しない、妻の外出は許さないなどの男性は無理。妻が仕事をすることに反対、という男性は無理だったかなと思う」と、旧来型の家父長のような男性像であった。「働くことに理解がある」ということを気にしていたとはいえ、実際に家事・育児をしてくれるかを厳しく評価する観点は持ち合わせていない。

このように、夫の育児参加への期待は、意識されていても見立てが外れたり、そもそも条件として全く意識していなかったりするケースが多い。

配偶者選択は、就職活動の職場環境ほどは選択肢が分かりやすく並べられているわけではなく、本調査の対象者にとって、夫が社会的地位や子育てを達成する「手段」として認識されているわけでもない。「一生に一度の相手と恋に落ち、結婚し、子どもを産み育てる」というロマンチックラブ・イデオロギーは、決して過去のものではなく（千田・中西・青山2013）、本調査の対象者たちも、恋に落ちた相手と結婚して子どもを産むのであって、子どもを産み育てるための相手と結婚するという発想は少ない。これには本調査の対象者たちが平均より早い結婚であることも影響している可能性がある。

夫は職場よりも、戦略的に選びにくい

結婚時点で、夫の家事・育児参加を意識していたかを見るため、「子育てをしながら働き続けるためのパートナーとなることを期待していたか」に対する答えを分類した。

結婚時点で子育てを〈**明確に意識していた**〉ケースは、結婚前に妊娠が判明したケースを中心に4事例、「子どもが好きそうだった」「働くことに理解がある」など、育児参加してもらえそうな要素を〈**気にしていた**〉ケースは4事例、〈**全く意識していなかった**〉というケ

ースが7事例あった。

表9で、結婚時点の意識と、実際の育児参加度合いの関係を見ると、**〈明確に意識していた〉**ケースでは、すべての事例で平日の関与が確保できていた。一方、**〈全く意識していなかった〉**ケースでは、育児参加度合いは**〈明確に意識していた〉**ケースより下がっている。

表9　結婚時の育児期待と夫の育児参加度合い、復帰後経路

		夫の育児参加度合い		
		〈仕事を調整して育児〉	〈仕事に支障のない範囲で育児〉	〈平日の育児なし〉
結婚時の育児期待	〈明確に意識していた〉	続O	予E 続M 続N	(続O)
	〈気にしていた〉		退A 退D	予H 続K
	〈全く意識していなかった〉	続J	続I	退B 退C 予F 予G 続L

ここからは、夫選びは職場ほどは選べないようだということが分かる。就活と違い、相手を見極めるのに、過去付き合っていた女性たちをOG訪問するわけにはいかない。条件を入れてマッチングするお見合いサービスを使っていれば別だが、大抵の女性はずらりと並んだ結婚相手の選択肢から面接を経て相手を選んでいくわけではない。（そういう発想

で婚活をしている女性もいるだろうが、結婚を人生のゴールとしても手段としても捉えていないインタビュー対象者たちは、夫選びに関しては条件に沿って選び取る意識が低い。)

子どもが産まれてから夫は変わるか

さて、結婚時点では意識していなくても、子どもが産まれてから夫の育児参加を求めれば、変化の余地はあるだろうか。

国立社会保障・人口問題研究所が、結婚経験のある女性を対象にした「全国家庭動向調査」によると、「夫も家事や育児を平等に分担すべきだ」への賛同割合は、第1回の1993年以来上昇傾向にあり、第4回（2008年）には8割を超える。しかし同時に「夫は会社の仕事を優先すべきだ」も67％前後の賛成を得ており、夫に二重の期待がかかっていることが分かる。

これにより、夫も葛藤する可能性は高いものの、二重の期待を抱える妻自身も、複雑な思いを抱えることになる。実際の夫への期待は、一般論としての規範意識では済まされず、目の前の夫の状況をふまえて揺れるものである。

本調査対象者の発言を見ても、夫の実際の育児参加度合いが高ければ、妻の夫に対する評価が高いとは限らない。たとえば、子どもが熱を出したときに夫が平日に半休を取ることもある続Jは、夫が仕事を調整していても、自分の調整量に比べれば少なく、公平ではないと考える。

続J：私、忘年会とか基本全部子どもがいるからと思って断ってるんだけど、ある日夫が「俺、頼まれたら全部飲み会とか出させてあげてるし偉いよな」的なこと言って、うそ、私1回か2回しか行ってないじゃん！　でも調整つかないと思って断ってるのに何言いだすんだって思って。

続Ⅰも、夫が朝の保育園への送りを担当しているが、共働きの友人夫婦について、「うち以外は〔子どもが熱を出したときに〕旦那が何日も休んでるんだけど、〔うちの〕旦那的に自分が休むっていう概念がない。私が休むか、実家に預ければってなっちゃう」と、自分は休むことがあるのに夫は休むことがないことに不満を抱く。続Ⅰは仕事の調整はしなくても分担はしてほしいと考えている。

続Ｉ：ある日ツイッターか何かで子どもが「何で、ママは仕事も家事も育児もできるのに、パパは仕事しかできないの？」と聞いたという話を聞いた。２人で働くという選択をするなら、ある程度の育児・家事も２人でやらないと、子どもからの見え方もよくない。そして、子どもが尊敬しない・なつかない父親は、居場所がなくなる。それで意識的に父子の時間を作ったり、送りは絶対やってもらう、父親を悪く言うようなことはしないという決まりを作った。

一方、平日全く夫の育児参加が得られなくても、あきらめの境地に至っているケースもあった。たとえば、夫の平日の帰りが深夜1時2時になることも珍しくない続Lの場合、夫は朝の出社時間は早くないものの、「朝もね……ぎりぎりまで寝てもらいたいってのもあるし。ほんと仕事忙しそうだから、体調壊さないでいてほしい」と育児参加への期待を抑制する。

退Bは同じ企業で働く夫について次のように語る。

退Ｂ：旦那もそういう状況で10年働いてるから、旦那にも染み付いちゃってるし、家庭の事情で早く帰るとか休むとかは経験がないので、それを同じ会社なんで何となく知ってる

んで、セーブして、ってのは難しい。

土日だけの育児でも感謝する妻

竹内真純（2007）は、妻の結婚満足感は、専業主婦の場合は、夫に評価されていないと感じるとき、フルタイム就業の妻の場合は、役割分担の負担感が大きいときに低くなるとする。専業主婦になったケースでは、あきらめどころか休日の分担のみでも夫に感謝すら出てくる。

退C：〔夫は〕土日は基本的にお休みで、娘をお風呂にいれたり、散歩に連れていったり、ご飯を食べさせてくれたりと、育児にかなり協力的です。平日仕事で疲れているのに、いろいろ頑張ってくれて感謝しています。

インタビューでは「復帰前後での期待」を回顧的に聞いているものの、退Cの場合、専業主婦になったことで、事後的に肯定しやすくなっている側面はあるだろう。ただ、伝統的な性別分業をしている方が、夫婦の関係は良好にすら見える。

共働きの場合、「分担が偏っていても、せめてそのことを夫が認識して、申し訳ないと思って欲しい」という声も多く、専業主婦であればかえって、分担が明確に認識されており、心理的葛藤が少ない可能性もある。

一方、比較的、育児参加に熱心な夫について、妻が仕事への影響を心配するケースもあった。自らの育休中に「夫の働き方は、出産を機に育児中心に激変」したという予Gは、より融通の利きやすい勤務体系の部署に異動希望を出した夫に、「もうちょっと仕事にもモチベーションを高めてほしい」と感じている。実際には予Gは、夫と別の赴任地で復帰することになり、夫の平日の育児参加は得られていないが、世帯収入の維持などの面で、妻の期待が、夫の仕事優先を生み出している面もある。

そもそも期待しないか、期待ほどには変わらない

復帰前後の妻の、夫に対する育児期待をカテゴリー分けしたところ、〈**仕事を調整して分担してほしい**〉と考えるケースが3事例、本来対等な分担が望ましいと考えるものの、〈**分担はしてほしいが仕事の調整までは求めない**〉が4事例、夫は多忙で〈**ほとんど分担できなくても仕方ない**〉と考えているケースが8事例あった。

この質問については、回答者自身が「対等意識」と「夫の仕事への理解」に葛藤しながら

表10　夫への期待と夫の育児参加度合い、復帰後経路

		夫の育児参加度合い		
		〈仕事を調整して育児〉	〈仕事に支障のない範囲で育児〉	〈平日の育児なし〉
夫への期待	〈仕事を調整して分担してほしい〉	続J 続O		続K
	〈分担はしてほしいが仕事の調整までは求めない〉		続I 続N	予F 続L
	〈ほとんど分担できなくても仕方ない〉		退A 退D 予E 予H 続M	退C 退B 予G

答えるケースが多く、時期によって変化することもあったため、最終的に復帰前後の時点で「3つの選択肢のどれに近かったか」を選んでもらってカテゴリー分けした。

表10で夫への妻の育児参加期待と実際の夫の育児参加度合いとの関連を見ると、妻の期待以上に育児をする夫はいないものの、妻の期待と育児参加度合いは必ずしも連動していない。

〈仕事を調整して分担してほしい〉の続O、続Jのケースでは、実際に夫の育児参加を得られているが、続Kのように平日の育児参加を全く得られていない事例もある。

一方、**〈分担はしてほしいが仕事の調整までは求めない〉〈ほとんど分担できなくても**

仕方ない〉を選んだ対象者たちは、多くが仕事への理解と育児の期待で揺れており、結果として得られている実際の育児参加度合いもばらけている。

（3）「夫の育児参加」に立ちはだかる多くの壁とあきらめ

妻の、夫への育児参加期待は複雑だ。インタビュー対象者からは、始めから期待していないというより、対等意識との葛藤に苦しみつつも、夫の育児参加をあきらめていくような発言が見られた。

たとえば予Hは、「夫と付き合ってるころから結婚して妊娠するまでずっと同じ立場だったじゃん。それを引きずってて。そこを脱皮するのが大変だった」と話す。退Aも「〔夫とは大学時代〕普通に友達で〔同じゼミで〕ディベートとかしてたじゃんって、立ち位置同じだったのにって思うことはありますよね」と、気持ちを整理した上で割り切ることに至っている。

なぜ期待しなくなるのだろうか。また、妻側からは公平性や子どものために育児参加を求めていても、実現していないケースが多いことも分かった。なぜ交渉は失敗するのだろうか。

妻の期待が抑制される背景、妻の期待が実現しない要因として、対象者の発言から浮かび上がってきたのは、「夫本人の意識」「夫の職場環境」「収入差」「妻が調整した方が早いという状況」などであった。夫の育児参加を得られない経緯は、それぞれに絡み合っている。また、夫の育児参加をうまく得られていたケースでも、転勤などが生じてそれに応じれば、夫の育児参加はゼロになってしまう。妻の期待が実現しない要因を順に見てみよう。

「働き続けてほしい」「妻の好きなように」はあてにならない――夫本人の意識

あくまでも妻の認識になるが、表11で確認すると、夫が共働き家庭で育った全ケースと、夫の母が専業主婦だったケースの多くで、夫は「妻には子どもを産んでからも働き続けてほしい」と考えている。中には、「『手伝ってる』って言われるのすごいいやで『一緒にやってるんだよ』って人だから」（続O）という風に、妻からの要請を待たずして、夫が率先して関わる事例もあった。

しかし、夫が専業主婦家庭で育ったケースでは、「妻には子どもを産んでからも働き続けてほしい」、あるいは「妻の好きにすればいい」と、仕事を続けることに肯定的であっても、家事育児を分担してくれるとは限らないケースが多く見られた。

続Kは、夫は「よく言えば『自由にしていい』という感じですが、私が好きで働いてるも

表11　夫の育った環境と夫の意識、復帰後経路

		夫の意識		
		〈妻には子どもを産んでからも働き続けてほしい〉	〈妻の好きにすればいい〉	〈妻には子育てに時間をかけてほしい〉
夫の育った環境	共働き家庭	予F 続J 続O		
	専業主婦家庭	退A 退C 退D 予G 続N 続I	退B 予E 続L 続K	予H

※続Mは未確認

のと思っています」と言う。退Aは、「夫とは学生時代からの付き合いで、私の仕事をしたい気持ちを理解してくれていたので、仕事を続けることに関しては賛成してくれていました」と言い、出産直後は育児にかなり参加していたと言う。

　しかし、「そういった時間を作ることが、夫の仕事の都合上、次第に難しくなっていきました」と話す。妻は子どものために仕事をあきらめる面があっても、多くのケースで夫は自分の仕事の一部を犠牲にして子育てを担うつもりがない。そのことが結果的に妻の負担を増やし、「仕事をしたい気持ち」を尊重することになっていない。

　夫本人への聞き取りをしていないため、具

体的に夫の性別分業意識にどのような影響を与えているかは不明だが、退職グループの夫の育った環境は専業主婦家庭に偏っており、夫の育った環境が妻の復帰後経路を決める上で間接的に影響している可能性がある。

予Hの夫は専業主婦家庭に育ち、「家にお母さんいないとか（子どもが）『かわいそうすぎる』みたいな感じ」で、妻には「家庭に重きを置いてほしい」と考えている。予Hは夫について次のように話す。

予H：夫は男として働き続けなきゃって思ってるけど、仕事自体全然面白くない、やりがいを感じてないのね。……だからよけい家族の方に気持ちがいってて、もっと豊かにしたいみたいな。〔調査者：自分が収入下げて妻に稼いでもらって家族の時間を増やせば、という風には？〕そこまでは割り切れないいんだよね。家も建ててないしみたいな。〔妻に〕子ども産んで家庭を豊かにしてほしいみたいな感じなんだよね。

ここで見られるのは、夫の強い生計支持意識である。小笠原祐子（2005）は、生計分担意識が強い夫婦の方が、弱い夫婦に比べ、夫婦の双方が働き方の調整をしているとする。もともと双方が働き方の調整がしやすい夫婦や、収入格差があまりない夫婦で、生計分担意識が強くなる可能性もあるが、自分の仕事を変化させてでも妻の就労継続を支援しようという夫はほとんどおらず、夫の意識が1つの障壁となっている。

夫の職場環境

夫にとって、育児に時間を割くことがどの程度自分の仕事に支障をもたらすかも重要だろう。松田茂樹（2005）は、夫の育児参加に影響する要因を、家事・育児の量（末子年齢、7歳以上の子ども）、時間的余裕（夫の労働時間、妻の労働時間）が規定しており、ジェンダー・イデオロギーが伝統的か進歩的かは、夫の家事・育児参加の程度に差を生まないと指摘する。

萩原久美子（2006）は、「妻が夫を自分のパートナーとして認め、また、自分が夢を描いたと同様に、夫が大切にしている仕事上のキャリアを認めていればいるほど、妻にふりかかってくる二重の役割のジレンマは大きくなる」としている。夫の「夢」を応援しているかどうかは別として、たしかに、長時間労働の企業で働いている女性の夫は、妻と同等かそれ以上にハードワークの職場に勤めていることがほとんどであり、そのジレンマは大きそうだ。

本調査では夫の職場環境について細かく質問をしていないが、妻の語りからは、しばしば夫の職場環境についての説明がされ、それに対して妻の理解があることが、夫の育児参加への期待を抑制する要因になっている。たとえば、退Cは次のように話す。

退C：〔夫は〕そんなに会社が好きじゃなくて、でもなんか職場の空気的にそんな早く帰ったりできないってのも分かってる。仕事が嫌いでもどんどん仕事は降ってくるし、分かっているので、うまく逃げられない状況なのが分かるから、育児とか家事分担求めることによって、かえって彼を余計追いつめるとかわいそうかなっていうのがあって。

続Jも、夫の仕事の仕方にあまり変化がないことを「ずるいと思います」「時給換算すると私の方が高いので、本当はもう少し夫が残業を控えてくれるといいのに……と思います」が、それが実現しない理由の1つを「夫の会社に男性の子育て参加の風土がない」こととする。長時間労働が常態化している職場では、同じ「残業をせずに帰る」という行動を、女性がするよりも男性がする方が周囲の見方はより厳しくなりがちである。

同じ業界や社内婚だからこそ、「もっと効率化できるはず」という不満も生じうるが、企業風土について妻の理解があることは、「期待しない」「あきらめ」へのベクトルにもつながる。

表12　復帰前後の夫の年収

		復帰後経路		
		継続	予備軍	退職
復帰前後の夫の年収	無収入			退D
	500〜600万円	続K	予E 予F 予H	退A
	700〜800万円	続J 続O		
	900〜1000万円	続I	予G	退B 退C
	1100万円以上	続L 続N		

育休後、急拡大する夫婦間収入格差

夫婦の収入はどのような影響を与えているだろうか。一般的に、「夫の収入が高いこと」が妻の就労に影響を与えそうだと思われているが、実はそうでもない。橘木・迫田（2013）は、夫の所得が上がるに従い、妻が働く比率が下がる「ダグラス・有沢の第二法則」について、１９９２年、２００２年と、年々強い逆相関が見られなくなっていると指摘する。

本調査でも、表12で確認できるように、むしろ継続グループの夫の年収が高い。夫の年収が生活に十分であるかどうかが、復帰後経路に影響を与えているようには見えない。

夫の収入の絶対水準が影響していない一方、

夫婦の収入差は重要になってくる。インタビューからは、夫婦の収入差が妊娠前に比べて拡大し、それにより交渉が失敗する事例や、妻側が遠慮する事例が明らかになった。

夫婦の収入差は、妊娠前の時点では入社年度の違いなどを理由として100〜200万円程度夫の方が収入が高い事例が多いが、妻の方が100万円程度多かったり、収入差がなかったりする事例もあった。

それが、復帰後1年の妻の年収は、自身の妊娠前から100〜300万円程度落ち込む。短時間勤務になったり残業がなくなること（残業代がなくなるだけのはずが、残業できないことによりかなり評価が引き下げられていると思わざるをえないケースもある）、同じ部署や職種に戻っても給与体系が変わること（本人の同意がないまま総合職の仕事をさせながら一般職の給与になるケースもある）などが原因と思われる。

山口一男（2009）は、6歳未満の子どもを持つ男女は、無配偶の子どものいない同年齢の男女に比べ、希望就業時間に差がないのにもかかわらず、実際の就業時間は、男性の場合無配偶の男性より多くなり、女性の場合は無配偶の女性よりも少なくなると指摘している。

このような事情により、表13に示したように、夫婦間の収入差も、300〜400万円程度、夫の方が多いケースが多くなり、500万円以上の差がつく事例も珍しくなくなる（復帰直後の1年のデータ。復帰後1年経過していない場合は、月収をもとに本人に推測してもらった。復帰後、時間が経つとともに収入はある程度まで戻る可能性もある)。

川口章(2008)は、企業による女性差別が、夫の賃金や将来の昇進可能性を妻に比べて高くし、夫は仕事、妻は家事に責任を持つという性別分業を合理的にするとしている。

こうして発生する夫婦間格差は、自分よりも社会的地位の高い夫を得ていること、女性が育休制度や時短制度を利用していることなどを前提としたジェンダー秩序が生み出すものであるにもかかわらず、家庭内の役割分担を強化させ、夫婦間格差をますます広げることになる。

収入差が与える夫婦間関係への影響

収入差が夫婦関係に与える影響を具体的に見てみよう。予Hは年下の夫より早く就職したが、大学院卒でメーカー勤務の夫に「あっという間に抜かれちゃった」と話す。妊娠前、100万円程度だった収入差は、復帰後に300万円程に膨《ふく》らみ、「収入に差がなければね、もう少し〔自分が働くメリットを〕言えるんだけど」とこぼす。

夫が年上で1年早く働き始めている続Kは、復帰前後の家事・育児の分担をこう語る。

表13　妊娠前と復帰後の夫婦の年収格差（夫－妻）

a）妊娠前		復帰後経路		
		継続	予備軍	退職
年収格差	－100万円	続L	予E	
	差なし	続O		退D
	100～200万円	続I 続J 続K	予F 予H	退A 退C
	300～400万円		予G	退B
	500～600万円			
	700～800万円			
	900万円以上	続N		

b）復帰後		復帰後経路		
		継続	予備軍	退職
年収格差	－100万円			
	差なし			
	100～200万円	続K 続O		
	300～400万円	続I 続J	予E 予F 予H	退A 退C
	500～600万円			退B
	700～800万円	続L	予G	
	900万円以上	続N		

続K：〔復帰前後に夫と育児分担をめぐって〕喧嘩はしましたね、すごく。喧嘩すると倍以上キレられるのでだんだんあきらめの境地に。なんか結局旦那とそういう話になると、最終的にはお金の話になっちゃうんですよ。旦那は、俺は全部〔育児・家事を〕替わってもいいけど、じゃあ俺と同じ額お前は稼げんのかみたいな話になり。そう言われたら太刀打ちできない。「俺は〔家事・育児が〕できない分その分多く払ってんだ」みたいな。でも収入の元が違って額違うのあたりまえじゃんって思うんですけど。

続Kは当時システムエンジニアであり、収入が一定であったのに対し、夫は営業で「コミッション」が入ることもあり、妊娠前から100万円程度の差があった。復帰後は続Kが時短制度を利用したことで、格差は200万円程度に広がった。家計分担として夫は固定費、ローンの返済、光熱費、妻が食費、子どもに関わる保育費や学資保険を負担しているという。

続K：〔食費などが足りずに〕旦那に頼るしかなくなると、「またいるのか」「どんだけ稼ぎ少ないんだよ」みたいな〔ことを言われる〕。「だって私、育休取ったし、残業できないのあんたのせいじゃん」みたいな。……〔夫は〕保育料はお前が働いてるから発生するんでしょって考え方。

ここでは、「家事・育児を担うこと」による妻の収入の少なさが、夫が「家事・育児」をしなくていい理由として使われている。

なお、夫婦の家計分担を聞くと、「お互いの給料に対して負担が同じくらいのパーセンテージなるように計算している」（予H）など、収入差に応じて分担している事例が多い。

しかし、続K夫妻以外でも、「固定費（住宅ローンや管理費）は夫、変動費（食費や光熱費、子どものもの）は妻、その他は各自」（退B）のように項目で分けているケースも見られた。特に住居や食費を夫、育児関連を妻が担う場合、保育費用自体は、認可保育園などでは世帯収入に応じて決まっているにもかかわらず、続Kのように、「妻が働くことによって発生する費用」に見えてしまう可能性がある。

収入や家計分担で、妻が生計を担うパートナーとして認識されていなければ、共働きでも「誰のおかげで飯が食えるんだ」という旧来型の夫の暴力的発言が出てきてしまう。

また、収入差だけでなく、夫が外資系やベンチャー企業勤務で、雇用の安定性が高い妻が育児を担った方がよいと考えるケースもあった。続Nは終身雇用の日系企業に勤めているが、夫は外資系であり、「朝、基本私がやろうと思うのは、彼がクビになったら困るから。（夫の方が）雇用の不安定さもあるし、給与の貢献度も彼の方が大きいから遠慮してる」と話す。

妻がやった方が早い……の落とし穴

松田茂樹（2005）は、夫が手伝えない状況でも、その状況に適応して就業している妻が一定割合存在することについて、保育サービスの長時間利用などが可能になっていることから、夫の分担率にかかわらず妻が就業できる環境がすでに整っているためであると推察する。

しかし、制度が整ってきてからの「育休世代」の実態としては、保育サービスよりは、短時間勤務制度など、企業での女性のための制度を活用することで、夫の分担率の低さをカバーしているケースが多いと考えられる。

「なぜ夫に育児を期待しないのか」を妻に聞くと、「自分がやった方が早いから」という答えが返ってくる場合がある。特に専業主婦になったケースや、妻の職場環境が恵まれているケースでその傾向が強いが、これは夫婦の役割分担を固定化する落とし穴になる可能性が高い。

「妻がやった方が早い」とは、たとえば子どもの変化に気が付く、部屋の乱雑さが気になる、などに始まり、そもそも家事能力がない夫に指示したり教えたりするのが面倒だ、こなすスピードも自分の方が速いなど、様々な「家事・育児能力」に差があることを示唆している。

「その方〔自分がした方〕が圧倒的に楽」と話す予Hは、夫に育児を期待することは「闘わないといけない。何か変えようとすると絶対摩擦《まさつ》が生じるじゃない。それを面倒臭いって思っちゃう。家事だって夫は下手だし」と言う。退Cは「働いていたときも私の方が仕事はまだ楽だったし、育児も私の方が慣れてるから、私が全部引き受けてしまった方がスムーズ」という。

ここには共通して、様々な調整をする社会的コストが夫と妻とでは異なり、妻の方が調整もつけやすいという状況もうかがえる。裏を返せば、夫が仕事を調整して分担することにはまだ社会的な理解がなく、摩擦が大きいということだろう。

中には、職場環境選びでは「女性の働きやすさ」を重視していながら、自分の企業が「育児と両立しやすい」からこそ、夫に育児参加はそこまで求めないというケースもある。続Lは「私は自分が安定的な企業にいるから、逆に旦那にはベンチャーとか挑戦する会社にいてほしいと思ってる。なんでだろう。バランス。2人とも安定だとつまらない。自分にそれ〔働きやすい環境〕があったから、旦那にそこまで〔分担を〕求めなかったのかも」と話す。

絡み合う要因

以上で検討した要因は、相互に絡み合って複雑である。社会的地位の高い夫と結婚していることが、夫の意識や夫の職場環境、夫婦の収入差に影響を及ぼし、妻の職場選択がそれに加わり、妻の方が調整した方が早いという状況につながる。そのことが、そもそも家事・育児に協力的な夫を選ぶ意識が希薄であったり失敗したりする状況に加わり、妻の夫への期待を引き下げたり、交渉を失敗させたりしている。

最近は「イクメン」が注目され、夫婦の分担術や、夫をどう褒《ほ》め伸ばすかについての本や

図3　夫の育児参加を巡る複雑な要因

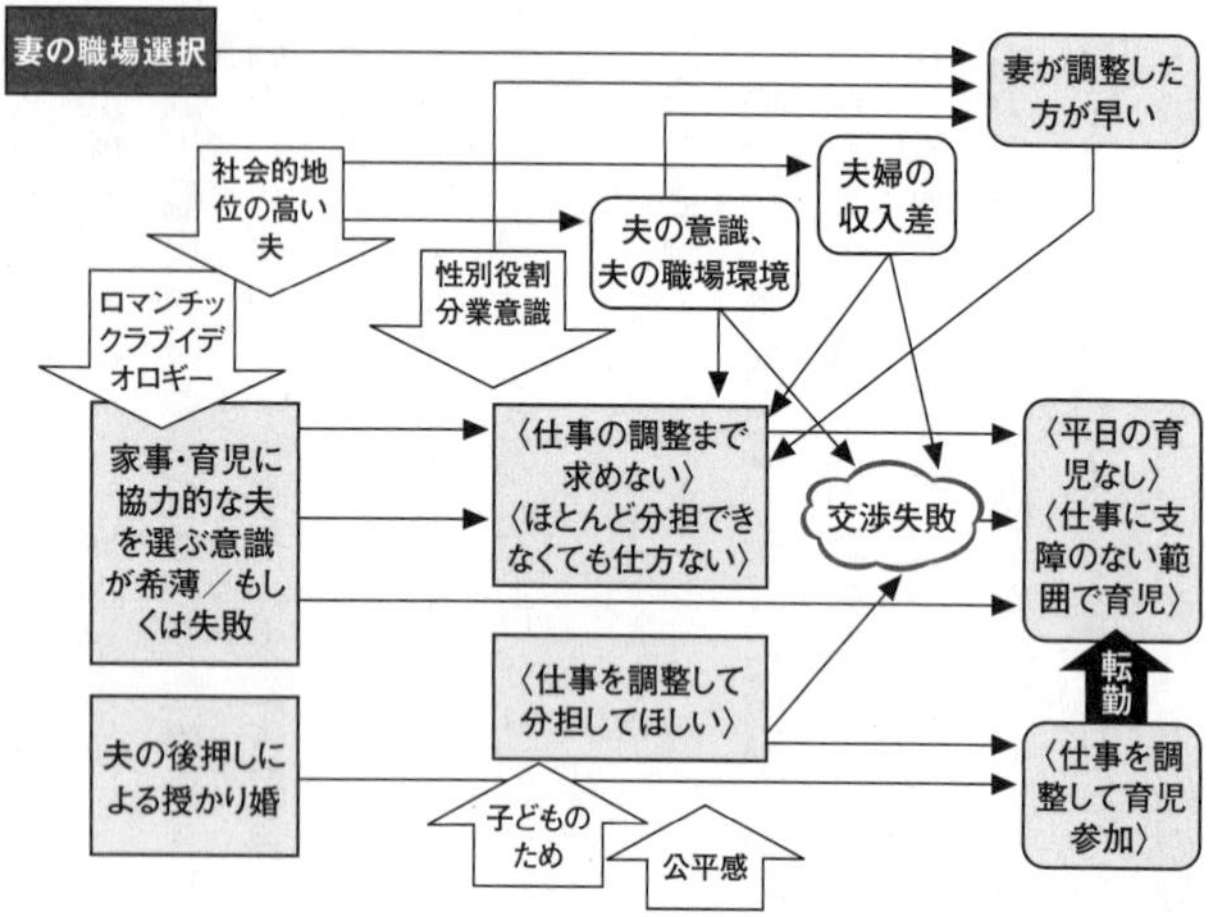

記事を、書店やメディアでよく目にする。ただ、悪いのは協力姿勢のない目の前の夫だけとも限らない。分担の話は、とかく夫婦間の問題とされがちだが、その背景にある社会的な様々な圧力1つ1つを排除していかなければ、根本的には変わらないだろう。

（私自身、夫の育児参加を取り付けるのに苦戦する1人だが、たまに夫の向こうに企業社会を見て、代理戦争をしている気分になる。ある男性の先輩に、夫への不満とこの本の執筆について話したときに、次のような励ましを受けた。「中野くん（夫）を変えても社会は変わらない。けど、〔本を出すことで〕社会を変えたらきっと中野くんも変わるよ」——。そう信じて頑張るのである。）

5章　母を縛る「育児意識」

(1)「祖父母任せの育児」への抵抗感

「実家近くに引っ越して、平日保育園のお迎えは母に頼んでいます」。日本企業で子どもを産みながらも活躍している女性に、その両立の方法を聞くと、かなりの割合で、実母（子どもにとっての祖母）の全面的な協力が語られる。

国立社会保障・人口問題研究所の「第14回出生動向基本調査」では、結婚持続期間0～9年の夫婦で妻が就労継続している場合、「母親（子どもの祖母）の支援」と「制度・施設の利用」を組み合わせている割合が59・4％、「母親（子どもの祖母）の支援のみ」が5・5％と、最初の子どもが3歳になるまでに、6割以上が、妻方の母親から「ひんぱんに」または「日常的に」支援を受けている。

これを聞いて、親に支援してもらえる好環境を整えられる人以外は両立できないのか、と肩を落とす若い女性も多いだろう。自身の実家も彼氏の実家も遠隔地の場合、子育ての支援が得られないことを気にして結婚をためらう女性だっている。

私自身、仕事関係者にあたりまえのように「親は手伝ってくれるの？」と聞かれるのには、辟易《へきえき》することも多い。「今どきは就職活動まで親が付きそう」と、依存し合う親子関係を批判してきた企業社会が、どうして立派な大人の労働者に対して、親による支援を求めないといけないのか。どうして第一に出てくるのが、親との良好な関係を前提とした、きわめてプライベートな解決策なのか。

アジアでは「ふつう」の親任せ

一方で、実際に祖父母に「丸投げ」をすると、母親を非難したがる人が多いのも日本の現実だ。落合恵美子ら（2007）はアジアの子育てについての研究で、「朝から夕食前後まで祖父母やオジオバが子どもを日常的に世話することがふつうで、数年にわたって親族の家に泊まることもふつうに見られる」とする。これに対し、日本は人口学的にそのような支援が得られにくいと言う。

しかし仮に「人口学的に」可能だとしても、日本の母親たちは実際にその選択肢を選べるだろうか。今の日本社会では、たとえばある女性が「2年間留学してくるので、子どもは祖父母に任せていきます」と言ったら「それで親って言えるの？」なんて言いたがる人たちが山ほどいるに違いない。男性（父親）の単身赴任は非難されることがなくても、だ。

日本社会は母親に育児責任を果たすことを強く求めており、その期待はジェンダーで非常に偏っている（と言いつつ、私自身は本書執筆過程でかなり実の親、夫の親に子どもを任せているが）。

本調査の対象には、夫婦どちらかの親と同居していたり、日常的に支援を受けているケースは含まれていない。多くは親が遠方に住んでいる、親も共働き、病気などで、緊急時に受けている支援も限定的だった。親が遠方ではなく、かつ働いていない場合であっても、子どもがインフルエンザにかかったなど「万が一」のとき以外は、親の支援を求めていない。

親の支援を受けないのはなぜだろうか。受けたくても受けられない状況なのか、必要がないからなのか。はたまた、本当は必要で、受けられる状況にあるにもかかわらず「選べない」理由があるのだろうか。

「親に頼むべきでない」という意識

15人のインタビューをする中で、共通して明らかになったのは、「親にはあまり頼みたくない」「頼むべきでない」という育児観である。自分や夫の親が近くに居住しており、健康上の問題などもなく、育児への支援が可能な状態にあっても、日常的には支援を受けていないケースは5事例あった。また、実際には親が遠方だったり共働きだったりするケースでも、「可能であったとしても親には頼みたくない」という発言が散見された。

本節ではこのような抵抗感について考察し、調査対象者に見られる育児観について明らかにしていきたい。

まず、親の体力を心配する声があり、中にはベビーシッターの方が頼みやすいとする事例もあった。退Cは「母親ももう63〔歳〕なので、半日預けたときとか結構戻ったら疲れてて、半日は長かったかなぁとか思ったり……基本的には自分でするべきと考えていました」と話し、近くに住んでいる夫の親についても「義姉の子どもの世話などに忙しく、あまり迷惑はかけられない、かけたくない」とする。

親よりもむしろベビーシッターを利用するという意見もあった。続Nは次のように話す。

続N：うちの母は、手伝ってあげたいという気持ちはあるものの、自由に自分の生活を謳《おう》歌《か》したいタイプというか、何よりも父を第一に考えるタイプなので、四六時中手伝ってくれるというわけではない。あと〔実家まで〕1時間半かかるし、親には負担をかけられない。自分ですらこんなに子どもと1日付き合うのが大変なのに、親は本当に体力的には相

当しんどいだろうなと思う。せっかく子育て終わったのに、とも思うし。緊急時以外は基本的に自分で頑張りなさい、という親の方針もあり、あまり〔親に〕外注していない。

同じように、親よりもベビーシッターを選ぶとする続Lは、実の親は遠隔地に住んでいるが「〔仮に近くであったとしても〕突然の病気や怪我を考えると、年配の母に日常的に頼むことはリスクが高すぎてあり得ないと思う。外注するのであれば、プロに頼む」という。ここで「外注」という言葉が出てきていることから、本調査対象者にとって実の親も「一緒に子育てをする身内」というよりは、「頼んでやってもらう外部資源」であることがうかがえる。

娘の自立意識

このような育児観の背景には、出産は自分または夫婦による自己決定であり、育児は極力自己責任で行うべきという考え方がある。本調査の対象者は、比較的早い時期の出産をしており、親から「早く孫の顔が見たい」「私が面倒見るから産みなさいよ」などと熱望されて産んだケースがない。あくまでも「自分たちで産むことにした」のであり、体力面で不安がない場合も、親は極力頼るべきではないという意見が共通して見られる。

娘は経済的自立も確保し結婚もして、親から自立しているはずが、再び子育てで親に頼らなければならないことへの抵抗感や、夫婦の問題を自分たちで解決できないことへの忸怩《じくじ》たる思いもあると考えられる。たとえば自分の両親が近くに住んでいる続Ⅰは「親におんぶにだっこでバリバリの道いこうとすればできるけど、今それをして自分が幸せか」と、親に頼ることに否定的だ。子どもが熱を出すなどの緊急時に実家に預けることについて、自分と実家で育児の課題を解決してしまうことが、夫婦の対等な関係には悪影響を及ぼすと考えており、「夫との協力体制は親〔が近くに〕いない方が、築きやすい」と話す。

祖父母が孫の面倒を見るアジアでは「祖父母による育児援助は後に行われる子どもによる老親扶養とセットだと意識されている」（落合・山根・宮坂 2007）という。しかし、本調査の対象者とその親たちの期待は、老後のケアとの交換だけで語れるほどシンプルなものではない。

親から育児支援を受けていれば結果的に親の老後を支援せざるをえない状況になる可能性はあるものの、少なくとも本調査の対象者からは、親の介護を直接意識した発言はなかった。むしろ、相対的に若くして出産している本調査の対象者の親は60歳前後で、現在対象者の祖父母の介護をしていることが影響しているケースはあった。たとえば実家の近くに住んでいる続Oは、親世代がさらにその上の祖父母の介護に手を割かれていることを、頼るべきではない理由として挙げている。

続O：自分の親、義理の親にも当然自分の生活や活動がある。介護の問題などさらに上の世代（祖父母）との関係もあるため、親が全面的に孫の面倒を見てくれるから自分はめいっぱい働けると思うのは間違いだと、甘え過ぎないよう気を付ける必要があると思う。

「親に頼む」に伴う苦労

先行研究では、親の同居や近居が就労継続を促す要因として指摘されている（坂本 2012、岩澤 2004、丸山 2001 など）。しかし、そこに至るまでの経緯や、同居や近居に伴う様々なコストについてはほとんど触れられていない。

日常的な支援を得たい場合、たとえば実家が同じ都道府県内であっても、いずれかの時点で実家の近くに引っ越す、親を呼び寄せるなどの対策を取ったり、共働きの親に早期退職してもらったりする選択肢が考えられる。裏を返せば、就労継続をする必要性や意欲が高かったケースが、様々な工夫をした上で、親との同居や近居を選んでいることも多いと考えられ、これまで指摘されてきた就労継続要因の先行研究は、因果関係が逆である可能性もある。親の同居や近居がないケースの中には、交渉すれば可能だったかもしれないが、あえてその選択肢を取らなかったというケースもある。たとえば、退Cは次のように話す。

退C：世の中で働いているお母さんは、周りを見ると、育休中に会社の近くに引っ越すとか、親と至近距離の家に引っ越すとか対策を立てていて、〔保育園に子どもの発熱などで〕呼び出されたら親に迎えに行ってもらうとか対策立てているのに、私は実家も遠かったし、引っ越さなかったので、夫は不在がちだったし、そういう意味では仕事のプライオリティがあまり高くなかったから対策打ってこなかったのかな、って。すごく仕事が好きとか、仕事してる自分が好きでどうしても続けたいと思ってたら、絶対実家の近くに引っ越したと思うんですよ。保育園もそこで探して、何かあったら親に頼むってのをしてたと思う。そこまでしなかったのは、そこまで仕事を続けたいと思ってなかった、ってことですよね。

退Cはあまり「やりがい」重視で会社選択をしていなかったケースでもあり、「まぁ今思うとなんですけど、ちょっと甘く見てたかな」と話す。

また、もともとの親の就労状況や居住地、親子関係などによって、親との同居近居を選ぶ障壁やデメリットはその親子によって異なる。就労継続へのモチベーションが高いまま維持されており、同居近居にかかる経済的・心理的なコストを踏まえても、親の支援を得ることが他の手段よりも適切だとの判断がなければ引っ越しは選ばない。

たとえば予Gは現在、地方都市に母子赴任中で、親は東京に住んでいる。東京勤務になれば、夫と別居が続いても親の支援は得られる可能性があるものの、「育児方針にあまり口出しされたくないので、頼るのは最低限にしたい」という。

続Oは、実家は近いが、親と同居しているワーキングマザーの先輩から、「〔その先輩の〕子どもがチックになっちゃったとか結構大変な時期があって、〔同居している〕親に『そうまでしてする仕事か』って言われて、毎日激論したって話を聞いて」、同居はできる環境にあったとしてもしたくないと考えている。続Oは専業主婦だった母親について次のように語る。

続O：三歳児神話を地でいってる人だからさ。……〔母親は〕「私は手元で見てあげたい」って考え方だけど……今のダブルインカム捨ててまでやるメリットがないし、辛いのは今だけだから〔最近は〕まぁ頑張りなさい、ってやっと理解してくれてきた。復帰する直前が一番言われた。子どもが生後9カ月で復帰だったから。1歳半近くになる4月まで待てば？　とか。今は、幼稚園入れないの？　とか。えー〔幼稚園は保育園よりも時間が短いので〕送り迎えどうするのって。今後、受験勉強の方向でうるさくなる。

複雑な母娘関係

近年、母娘関係については『シズコさん』（佐野洋子、新潮社）、『母が重くてたまらない』（信田さよ子、春秋社）など出版が相次いでいるが、様々な期待の絡む母と娘の関係は一筋縄にはいかない。本調査でも、自分も母親になった娘たちの「母親の育児観・育児経験」への評価は複雑だ。詳しくは6章で述べるが、本調査対象者は、母のような育児を望みながらも母よりしっかり働きたいというアンビヴァレントな感情を抱いているケースも多い。

親世代は、自分たちの時代には難しかった女性の就労継続や経済的自立を「娘」にはさせてあげたい、またしてほしいと思う一方で、自分たちがやってきたような子育ても「母親」になった娘に対して求める。特に母親が専業主婦であった場合、母親が育児に専念したことによる「成果物」が自分自身（娘）の経済的地位の達成であると捉えると、娘は母親がしてきた育児の方法を否定しがたい。しかし、自分自身が経済的地位を保つためには同じような「母親がしてきた育児のあり方」を求められても叶えられない。

このように、母と娘の間には、構造的に、お互いへの期待や評価、あるべき育児方針がすれ違う可能性がある。

もちろん、「物理的に可能なら頼みたかったです。特に母は子どもが大好きなので」（予E）というケースもあったが、少数であり、本調査では同居近居や親の育児支援をあえて選択しない要因の1つとして、親との衝突の回避が浮かび上がってきた。

先行研究は、親の同居近居が就労継続をしやすくするとしてきたが、親の同居近居とそれによる娘の就労継続を可能にするのは、引っ越しなどの経済的な条件だけではない。親が娘に「自己責任による十全な育児」を求めずに、育児を請け負うことに合意していること、娘側も親の育児を信頼していることなどの条件が揃っているか、もしくは様々に生じるコンフリクトを乗り越えながらもその形を取らざるを得ない状況であったかのいずれかであり、その実態や経緯にも着目する必要があるだろう。

緊急時支援の有無はある程度影響

なお、緊急時の支援の有無について表14で確認すると、自分と夫双方の親に対応してもら

表14　夫の育児参加と親または夫の親の支援環境、復帰後経路

		親または夫の親の支援環境				
		日常的支援	緊急時支援（実＋夫の親）	緊急時支援（実の親）	緊急時支援（夫の親）	支援なし
夫の育児参加	〈仕事を調整して育児〉		続O			続J
	〈仕事に支障のない範囲で育児〉		続N	続I	退A	退D 予E 続M
	〈平日の育児なし〉		予H		退B 退C 予G	予F 続K 続L

えるのは予H、続N、続O、実の親に対応してもらえるのは続Iとなっている。退職グループでは夫の親の対応か支援なしの状況に集中していることをふまえると、実の親の緊急時の支援が継続に影響を及ぼすように見える。

しかし、夫の育児参加が平日ほとんどなく、双方の親の支援も全くない予F、続K、続Lのようなケースもあり、親の緊急時の支援が復帰後経路の決定的な要因になるわけではない。

(2) 預ける罪悪感と仕事のやりがいの天秤

江原由美子(2000)は、母親の仕事が経済的に不可欠な活動であるか、「生きがい」や「キ

ャリア」など母親自身の達成感のための活動なのかによって、「保育園に預けられてしまうのは、かわいそう」と感じるかどうかが変わってくるというデータをもとに、次のように述べる。

母親たち自身の「子どもが小さいうちは母親が育てたほうがよい」という意見は、子どもにとってそのほうが「よい」という確信に基づくより、母親自身の人生において仕事と子育ての重要性を比較したとき、「子育てを選択したほうが自分自身の悔いが少ない」という意味で、主張されているのではないか。

本調査の対象者は、夫の年収が４００〜数千万円あり、自身（妻）の就労が経済的に不可欠とは言えない。しかし、もともと継続志向であり、結果的には専業主婦になったケースも含め、全員が、出産後も就労継続のための保育園の確保に動いている。しかし、保育園以外の社会的育児資源（ベビーシッターなど）の利用はきわめて限定的だ。その理由を見ていこう。

保育園は通い慣れれば罪悪感は消える

まず、主要な社会的育児資源である保育園については、全ケースで、子どもが満2歳になるまでには認可もしくは無認可の保育園に入れることができており、「保育園に入れないから」退職することを考えるケースはなかった。

待機児童問題が取りざたされる中、保育園に入れずに就労を断念する女性も存在する。東京都23区の場合、認可保育園の利用料は、年収や条件により無料から月8万円程と幅がある。

これに対し無認可保育園の場合は、東京都の認証を受けていれば2万円程度の補助金が下りることもあるものの、月5万円程度から高いところでは10万円前後である。たとえば妻の年収が100万円程だと、預けて働いても月の収支が赤字かトントンになる可能性があり、このような場合、「認可保育園に入れなかったら就労をあきらめる」ことがあり得る。

しかし本調査対象者は年収300万円以上であり、世帯年収でいえば所得区分の上位であるので、認可と無認可で支払う金額はあまり変わらず、無認可でも支払う能力がある。そのため、認可に限らなければ何らかの保育場所確保ができており、保育園に入れないことを理由とした退職がなかったと考えられる（いったん無認可の保育園に入れて就業実績を積むと、認可の保育園に入りやすくなることから、無認可での早期復帰をする事例などもあり、何らかの形で保育園は全員が確保している。退職した4事例についても、一度は保育園を確保しており、保育園の入園の可否が復帰後経路に与える影響はなかった）。

出産後も就労し続けようと考えた理由については、「専業主婦になるタイプではない」（退A）「いろんな意味で夫に何かあったときのために経済的自立は確保していたい」（続I）などが挙がっており、預けることそのものに否定的であるケースはほとんどなかった。

一部、専業主婦家庭で育ったケースを中心に、当初不安を覚えるものの、子どもが慣れれば罪悪感や不安も消えていくとの語りが聞かれた。

予Fは、子どもがまだ1人で座っていることもままならない生後5カ月で預けることになり「こんなに小さいのに。私が保育園とかいっていなくて幼稚園だったので、保育園どうなの、大丈夫かな」と心配していたが、「いろいろ葛藤はあったんですけど、結果的に保育園楽しく通ってくれてるみたいだし、人見知り始まってない時期ですぐ慣れてくれたから、それもそれで良かったかなと」という。

予Hも、継続のために最も保育園に入りやすい4月に合わせて生後6カ月で預けることを決めながら、「私もなんだかんだ専業主婦に育てられてるから、自分の中でどうしても消えきらない罪悪感との闘いもついてまわる」と、その判断が正しかったのかしばらく悩んだ。しかし、実際に子どもが慣れると「罪悪感はだいぶ消えてきた」と気持ちが楽になったという。

復帰時期が選べないことによる葛藤

ただ、復帰時期は必ずしも本人が望む時期になっておらず、最も入りやすい4月のタイミングで復帰を決めざるを得ない状況がある。予Hは「こんなに小さいのにと思いつつも、この4月を逃したら入れるか分からないから自分を納得させた」と話す。

早期の復帰については金銭的にメリットを感じづらく、心理的に葛藤するという意見も多かった。雇用保険で育児休業給付金を受け取っている場合、通常は育休中は子どもが1歳になるまで基本給の5割（2014年4月以降は180日目まで67％）が毎月振り込まれる。一方、復帰直後は、企業が肩代わりしていた税金の支払いや、時短制度の利用で残業をしないことなどが理由で、収入が大きく減るケースが多い。保育料を差し引くと、預けずに給付金を受け取り続けて自分で子どもの世話をした方が、手元に残るお金が多くなることも珍しくない。

とりわけ心理的障壁を乗り越えて早期に復帰したにもかかわらず、仕事の内容が「つまらない」「暇」であると、「わざわざ子ども預けて何やってるんだろう」（退B）と、預けることへの疑問が生じる。ここでは、預けるだけの収入を得られることに加え、「やりがい」があることが、保育園に預けることの罪悪感を減らすことが分かる。

育休の長さと保育園の入りやすさはセットで議論されるべき

居住地周辺の保育園事情から、本人の希望よりも復帰が遅くなったケースもある。続Ⅰは7月に出産し、当初、翌年の4月に、保育園に入れられれば復帰しようと考えていた。しかし、住んでいた地域では0歳児保育の認可保育園がなく、保育ママ制度については、「いい人に出会えればいいのかもしれないけど、属人的っていうか、保育ママが倒れたら子どもはどうするの」と否定的であり、復帰時期を遅らせることを選んだ。

続Ⅰ：会社に〔事業所内〕保育所あるんだけど、××駅〔続Ⅰの企業の所在地で都市部のハブ駅〕に毎日子どもと一緒に出社するとか〔大変すぎて〕意味が分からない。いろんなこと考えて、そのとき上司が替わってて男の人になってて、1回相談したんだけど、「この1年間早く復帰することは、キャリアに大きな影響与えない、今やれることは子どもと一緒にいることだ」って言ってくれて。その人3人のパパで「焦るな」って言ってくれて、そうだな、って背中押された。

法定の育児休業は、保育園に入れなかった場合でも最大1年半だが、企業によっては2～3年の取得も可能である。続Iは結局、2年近く休んだ上で、子どもを1歳児からの保育園に預けることができ、復帰した。

続Iのような0歳児保育のない地域に住んでいて、法定以上の育休が取れなければ、退職せざるをえないケースもあるだろう。逆に、育休が3年取れるような企業に勤めていても、結局3歳児前後で保育園に入れることができなければ、フルで育休を消化した後の復帰の道は閉ざされてしまう（入れたとしてもブランクが長すぎるという議論もある）。取得可能な育休の長さと、保育園の入りやすさは、セットで議論される必要がある。

また続Iが触れているように、多くの都心の事業所内保育所は、通勤時間帯に乳幼児と電車に乗ることを考えれば、待機児童の主要な解決策にはならない。徒歩圏内に住んでいる人や車での送迎が可能な人、あるいは相当のオフピーク通勤が許されていなければ利用は難しく、定員割れの事業所内保育所も多い。

長時間預けることへの抵抗感

企業が、育児中の社員にも時間制約なく働いてほしいと考えた際、まず挙げられる方法は、事業所内保育所の延長保育を充実させたり、補助を出すなどしてベビーシッターを使いやすくすることである。私自身も実際に子どもが産まれるまでは、何時まででもどこかに預ければいいと思っていた。

しかし企業が長時間労働の常態化を見直すことなく、単に他の社員と同様に働けるようにすることだけを目指せば、おそらく親たちは、長時間預けることにためらいを覚えるだろう。お金の面だけではなく、よほど預ける意味があると感じなければ、延長保育を最大限使ったり、保育園の後にさらに別の人に預けたりする二重保育への心理的ハードルは高い。

このことを対象者の語りから見ていこう。まず保育園の延長保育は、時間的には22時過ぎまで実施している園もあるが、本調査の対象者たちは19～20時ごろまでしか利用していなかった。たとえば22時まで延長できる保育園を利用している続Jは、最長で20時までしか使ったことがないという。その理由をこう語る。

続J：18時40分のお迎えで〔自分の子どもが〕同じ階で最後の1人だったりしたので、これ以上遅くなって最後の1人にするというのがかわいそうで。あと、延長のときはご飯が軽食しか出ないので、その後家でもう1回食べて、寝かしつけて、翌日、と考えると……

〔残業をしなくても〕〔大変だ〕というのと、そこまでしなくても、業務調整と在宅勤務で何とかなるから。

保育園以外の民間の育児資源については、緊急時のために病児保育への登録などをしている事例はあるものの、日常的なお迎えにベビーシッターを使っている事例は続Nのみだった。続Nのケースでは、保育園は平日20時15分まで利用でき、週3回は夫婦のいずれかが20時ごろお迎えに行く。それ以外の2日はベビーシッターを雇い、「お迎えに行ってご飯を食べさせて、寝る直前までもしくは寝るまで」任せ、夫婦どちらかが22時ごろに帰宅するという。

その続Nも、当初は「自分が専業主婦に育てられたということもあって抵抗はあった」「ベビーシッターという感覚に慣れなくて、他人を家に入れるとか子どもを預けるというのがこわかった」と話す。家事代行を使ったことのある夫に説得され、始めは掃除から頼んでみて、子どもも慣れたところで、ベビーシッターも頼むようになったという。

「そこまでして」する仕事かどうか

続N以外に二重保育を利用しない理由を聞くと、自身の仕事のバランス上「必要ない」からという回答であった。その際に、ほとんどすべてのケースで、まるで示し合わせたかのように出てきたのが、「そこまでして」という表現であった。当時、職場で「過剰な配慮」を受けていた退A、退Bは、「仕事の内容に、子どもを預けてまでするような必要性や重要性、やりがいを感じなかったから」（退A）、「必然性が生じて初めて外注するものと思っており、そこまでしなければいけないようなミッションを与えられなかった」（退B）としている。

継続グループを中心に、仕事内容が妊娠前と変化ないケースでも、子どもへの影響を気にする意見が出ており、子どもへの影響と天秤にかけた上で「そこまでしてする仕事ではない」という表現が出てきた。「子どもよりも別のことの方が優先順位が高いと判断してしまうことが積もり積もったら、将来子どもによくない影響を与えるだろうと思いました」（続J）のほか、「〔子どもが〕寂しがると思う」（予F）、「人見知りなのでかなり辛いだろうと思うので考えられない」（予E）という意見や、自分自身の気持ちとして「子どもと触れ合う時間は確保したい」（予F）、「子どもと向き合えなくて寂しい」（続L）という意見があった。

二重保育の利用は、こういった懸念や気持ちを越えてまで、どうしてもやらなくてはならない仕事ではない、という風に、自身の仕事への意欲とのバランスで、それぞれ利用しないという判断がくだされている。

サービスの信頼性や価格は障壁になっているのだろうか。続Oは「見知らぬ他人を1人だけ夜遅くまで家に上げておくという生活習慣に、自分が慣れていないため、なんとなく信用できない部分もあるので、そういった精神的ハードルもある」という。

しかし、前節で見た続Lのように、高齢の親よりもプロの方がリスクは低いと判断するケースもあり、サービスそのものへの不信感が対象者の間で根強いわけではない。

また、サービスの価格について言及したのは「経済的にも負担できない金額ではないが、そこまで外注するほどの魅力・責任は仕事に感じていない」(予F)と1事例のみだった。

つまり、ここでベビーシッターが使われていない理由は、信頼できて経済的に利用可能なサービスの不在ではなく、「子どもと長時間離れてまでしてやる仕事ではない」という仕事側の要因が中心だ。

子どもを産むと仕事の「やりがい」は変わるのか?

3章では、もともとは多くの対象者が「やりたいこと」や「やりがい」重視で仕事を選んでいた様子が明らかになった。「過剰な配慮」を受けて仕事内容が変更されていたケースはともかく、多くの事例で、その仕事がなぜ出産後に「そこまでしてやる仕事ではない」ものになってしまっているのだろうか。

仕事内容が変わっていない予Eは次のように話す。

予E：〔出産して、仕事は〕どうでもよくなるというか、自分がやりたいなと思うことがちょっと変わってきちゃう。入社当時の「仕事さえよければプライベートはどうでもいいや」という感じではなくなる。プライベートの比重が上がるから。同期と比べてしまったり、もっとガツガツ仕事したい！　と思った時期もありましたが、私が仕事をして家事をして娘と絵本を読んで……毎日全部楽しいと心から思って生きている背中を娘に見せて育てたいな、と思い始めました。

マスコミ勤務の予Gは妊娠中に切迫流産気味であったことなどから担当が変わったが、自身の心境の変化について次のように語る。

予G：〔妊娠すると〕会社もあからさまに「期待してたのに残念」という感じ。日々の育児をする中で、社内闘争に勝ち残るために心身を削ることがばからしく感じられるように

なった。さらに心身を削った先に勝ち取るはずの仕事も、大上段から机上の空論を語っているようでむなしく思えてきてしまった。また、前者に補足して、社内で偉くなっている人が、家庭を犠牲にしている人ばかりに思えて、そうはなりたくないと感じた。

その他、「朝イチで出社したら、他の人は10時とかまで来ないので、早く帰ってもそれなりに仕事はこなせる」（退B）など、復帰後に、そもそも無駄な残業や飲み会が多いことに気付き、定時までに仕事を終わらせれば二重保育をしてまで残る価値がないように感じるという声もあった。

ここでは、家庭やプライベートを犠牲にして、非効率であろうが何だろうがとにかく仕事に全力を傾ける「会社人間」的な価値観への様々な疑問が提示されている。ベビーシッターを使って深夜まで働くことは「会社人間」に戻ることを意味し、それによって得られるのは「同期と比べて」「社内闘争」など社内競争での生き残りであることが示唆されている。つまり、「やりがい」重視の姿勢が変化したというよりは、社内競争に残ることや勝つことへの姿勢の方が変化したのだろう。

本調査対象者は、社会人歴10年目以下で出産を経験しており、管理職になってから産むケースなどに比べて、本人が手放したくないポストがあったり社内で明確に目指すべきポジションがあったりするわけではなく、深夜まで働いたり社内競争に残ったりする必要性を強く感じていない可能性もある。

また、時短制度などが整っておらず、就労継続にはベビーシッターなどを使うしかなかった世代に比べ、自分で仕事と育児を両立する方法が増えているからこそ、「自分が早く帰って子どもの世話をする選択肢があるのに、あえてベビーシッターを雇う」ことが罪悪感をもたらすようになった側面もあるだろう。

社内競争とやりがいのジレンマ

ただし、「やりたいこと」や「やりがい」と、競争社会へのコミットメントの関係は複雑である。本調査者にとって、仕事にやりがいを求めることと、昇進や出世を希望することはイコールではない。

何に「やりがい」を覚えるかは人それぞれではあるが、昇進や出世をすることや、競争に勝つこと、人から評価や感謝をされること自体にやりがいを感じる場合もあるだろう。また、責任の重く、高い付加価値を発揮できる仕事にやりがいを感じるのであれば、社内競争でそれなりに評価されたり昇進しなければ、そのような仕事を任せてもらえない可能性もある。

このように競争意欲とやりがいが連動している場合、長時間働けないという理由で評価されないことが、競争社会に対する見方に対して、「どうせ勝てないから」というあきらめや、「ばかばかしい」という価値相対化をもたらす。それが自身のやりがいや、ひいては仕事全体に対する意欲そのものを失わせることになりかねない。

日本企業は、報酬を直接的に上げることよりも、「仕事の中身」で働きに報いてきた側面があり、働く側にとっても、長期的に面白い仕事ができるという見通しがあることが、継続の意欲につながってきたとの指摘がある（高橋 2004）。3章でも触れたが、単純作業しか任せないというような形でやりがいを奪わないこと、長時間会社にいなくてもその働きを正当に評価することは、育児中の社員の意欲の維持にとって重要な意味を持つ。

「育休は法定より長め。事業所内保育所も設置したし、ベビーシッター料の補助も出している。こんなに至れり尽くせりなのに、どうして女性が定着しないのか」と感じる企業経営者には、仕事の内容やその割り振りのマネジメント、評価の仕組みと長期的なキャリア展望が、多様な人材が活躍するのに沿ったものかどうか検討してほしい。

（3）母に求められる子どもの達成

出産経験がない人には想像がつかないかもしれないが、子どもを産むと、やれ母乳が一番だ、離乳食は市販のものじゃない方がいい、ママがいないとかわいそうだ……と、すさまじい社会の風圧が母親を襲う。ベビーカーを押して街を歩いているだけで「母乳で育ててるの？」などと話しかけられる。子どもに何かあったときのインターネット上での母親への非難はすさまじい。そしてそのとき父親が何をしていたかが問われることはほとんどない。

母親意識と子どもの機嫌や病気

15人の対象者たちからも、母親の役割について言及するケースがあった。母親意識により抱える葛藤とはどのようなものだろうか。たとえば、予Hは次のように語る。

予H：私はもう母親で、夫にはできない役割をやらないといけなくて、そこにいろんな差が絶対的に生まれるんだってのを納得させるのが大変だった。なんで私だけ、って。〔調

査者：でも、母親でないとできないのは母乳をあげるくらいでは？〕うーん、どっかでやっぱり縛られてるんだと思う。女の役割とか、母親がやるべきとか。

具体的に誰に何を言われたからというわけではなくとも、母は母の役割に縛られていく。特に、子どもの機嫌や体調が悪いときに、責任意識を持つのは母親になりがちだ。退Cは、子どもが皮膚の病気になったときについて、次のように話す。

退C：肌のケアも私が入院してるときに指導受けて、おじいちゃんおばあちゃんだとちょっと心配というか、薬の塗り方とかも、私がずっとしてるので、〔おじいちゃんおばあちゃんに塗り方を〕教えればいいんですけど、でもまぁいろいろ難しい点があって。

娘が2歳近くなってから復帰した続Iは、子どもの状態と母親意識、仕事への意欲に板挟みになっている。

続I：寝るとき〔子どもが母親である自分の〕身体触ってきたり、〔朝〕4時とかに〔自

分が〕起きると〔子どもが〕一緒に起きてくるし、うなされて言う言葉が「ママー」だったり。代わりがいない母親求めてるんだなぁって思ったり。それをしてまで働きたいって思えないから、仕事は〔今以上は〕できない、ってことにしてる。この時間内でできることをやるんだ、って。〔上司には〕「お前このポテンシャルじゃないだろ」「レベル上げて大丈夫だろ」って言われるけど、今、気持ち的には、レベル上げるより、18時半ギリギリのお迎えじゃなくて、18時にあがれることの方がよっぽど重要なんですよって。……保育園〔迎えに〕行くと〔子どもが〕「ママあっちいって」とか言うの。すねてる。説得に1時間、みたいな。超ムダ。でもそれをさせてるのは私だなって。

結果論としての子どもの「ママじゃなきゃイヤ」

ただ、子どもが「やはり母親でなくては」と思うような反応をするのは、退Cが「私がずっとしてるので」と言っているように、母親がほとんどのケアを担ってきたことで、子どもがそれに慣れて他者の代替を拒《こば》むという結果論でもある。

続Jは、夫が自分ほど育児を担わない理由の1つを「息子が母親大好きであること」としながらも、病気のときなども徐々に夫と役割を交代したり、病児保育を利用したりするようになって、徐々に母親意識に縛られなくなってきたという。

続J：最初は子どもが病気のとき、自分がいた方がいいかなと思ったんですけどね。夫と交代してみて意外と大丈夫だったので。病児保育も、今日保育園行けるか行けないか微妙なくらいの比較的元気なときに試しで使ってみたら、よっぽど具合悪くなければ結構ケロッとしてるパターンもあって、預けてみたら結構大丈夫だったりもしたので。

このような聞き取りから分かることは、母親として「自分がするべきだと思うこと」の内容は、先行研究で指摘されているような一般論としての「母親がするべきだと思うこと」の規範意識とは別に、子どもの性格や心身の状態によっても変化するものである。

本調査では、復帰後1年程度までを対象としており、子どもの年齢が0〜2歳過ぎの時点での意識しか対象としていない。月齢が上がるにつれ、母乳離れなどで母親が担う役割を減らしていける反面、子どもが言葉を話すようになったり、「イヤイヤ期」に入ったりすれば別の難題が持ち込まれることになり、母親意識はその後も揺れ動き続けることと予想される。実際の子どもの状態を見ることなく、子どもの気持ちや体調に寄りそうケアを、「仕事への意欲を阻害するもの」として簡単に退けることはできない。ただ、「自分がやった方が早い」などの理由で、夫や他の親族、ベビーシッターと育児を分担することができず、結果として子どもが母親以外の育児を拒否したり、子どもの心身の不調が出たときに母親が自分の責任と感じたりすれば、さらに母親が担わざるを得ない理由を自ら生み出してしまう。

このように、母親役割は悪循環によって呪縛《じゅばく》となる可能性もあり、子育てを早い段階から夫などと共有することが、それを避けるために一定の効果を上げると考えられる。

「お受験」はしていない

有名幼稚園や小学校に入れるための「お受験」や中学受験は、母子の二人三脚となりがちで、そのために職を離れる女性もいる。本田由紀（2005）は、「ポスト近代型能力」の形成のためには、「母親自身が全生活をかけて子どもの指導者・助言者となる必要がある」「金銭的コストだけでなく、母親のエネルギーや時間というコストを子育てに投入することが不可欠となる」と、現代の教育システムを批判する。

今回の対象者は、調査時点で、有名幼稚園や小学校の入園（学）試験に向けて準備する、いわゆる「お受験」対策を始めているケースはなく、子どもの学業達成を重視することが復帰後経路に与えている影響は見られなかった。その理由の1つとして、学歴などの学業達成が、その後の職業や人生の成功につながるわけではないとの認識が挙げられる。

子どもの学業水準について、「自分よりいい大学に入れたい」（続N、娘）、「自分と同じように都内の中高一貫の学校に行くことが望ましいと考えているが、本人の意思を尊重したい。大学進学以降は好きにしてほしい」（予G、娘）のように一定の達成を求めるケースは限定的であった。

むしろ、調査対象者本人の学歴が十分高いためもあってか、学業達成のみを重視することへの疑問の声の方が圧倒的に多かった。続Lは「中卒でも、一流プログラマーとして第一線で働く友人もいるし、大卒でも、ニートをしている人もいるので」と、娘の学業達成をどこまで求めるかは「迷い中」だ。退Dは「自らの体験から、学歴は重要ではあるものの、人生における1つのパラメーターに過ぎないことがよく分かった」と、息子の学業達成で求める水準は「本当にない」と言う。

子どもには「やりたい仕事」に就いてほしい

一方、子どもに求める達成について、学業よりも将来の仕事について言及するケースは多かった。続Lは娘に、「学業というよりは、将来社会に貢献している、幸せに生きていられるようなコミュニケーションスキルやスタンスを身につけられるよう、尽力したい」と言う。

続Jは息子に、「大学には入ってほしいですが、あとは食べるのに困らない、仕事ができる人になる方がいいです」とし、「〔自分が〕人材関連業界で働いているからか、『仕事ができる』と『学歴』の相関はどんどん小さくなっていると個人的には思っています。なので勉強だけ頑張るくらいなら、他のことも経験させたい」という。

職業の内容については、「大企業」「正社員」などの社会的な地位の達成を挙げるケースはなく、「やりたいこと」など子どもの主体的選択を重視する姿勢が色濃い。

「自分のやりたい職業や仕事を見つけてもらいたい」(退A、娘・息子)、「両親と同じ水準の学歴は求めておらず、少しでも好きなことを仕事にしてほしい」(退C、娘)「勉強に向いていれば努力して好きな分野を見つければいいし、向いていなければ技能職など別の方面を目指せばいいと思う」(続O、息子)と、子どもの選好や得意分野を重視する意見が多い。

「自分のやりたいことをある程度自由に選べるような、学歴というかバックグラウンドを身につけてほしい」(予F、息子)と、学歴はそのための手段として見ているケースもあった。

喜多加実代(2011)は、親の「やりたいこと」重視の姿勢を、「親たちは子どもたちにやりたいことの追及をうながし、自己責任を求める側になると同時に、子どもたちに主体的に選択させ、その結果に責任を問われる側にもなっている」とする。

今回、子どもの将来についての考え方は、分析の対象としている育休後復帰1年程度の復帰後経路には直接影響は与えていない。しかし、今後子どもの成長に伴い、小学校入学以降、学童、塾や習い事に通い始めると、保育園児以上に仕事との両立が難しくなる可能性もある。

特に、成績が悪化したり反抗期を迎えたりした場合や、主体的選択をさせるゆえにその責任を親が問われるようなことが起きた場合、中には仕事との両立を悔やんだりあきらめたりする事例が出てくる可能性もある。

「娘」に社会的地位達成を求めるか

子どものジェンダーによって、求める学業達成水準や教育方針は変わるだろうか。一部のケースで、娘の教育方針についてジェンダー秩序を意識する発言が見られた。

娘がいる予Gは、赴任先の地域が男尊女卑的な文化が強く、「女の子だったら頑張らなくていいわね、とか言われる」ことを理由に、できれば自分が育った東京で子育てをしたいと考えている。

一方、ジェンダー秩序に適応するような期待のかけ方も一部見られる。退Cは「女性でずっと働き続けることを希望するならば、資格職の方が続けやすいかなと思うので、娘がそう希望するならば、そのようにアドバイスするかもしれません」という。

予Eも、次のように話す。

予E：男の子だったら多少望むけど、女の子だからまぁいいかなぁと。男の子だったら「仕事できねー」って思われるよりは、できてほしい。女の子なら、本人が望むならっていう感じかなぁ。でもまぁ高校くらいは出てほしいかな。女の子は二択があると思うんですよ、バリバリか、生きたいように生きるっていう。どっちをとっても非難されることはないというか。でも男のバリバリやらない人に対しての方が、世間の目は厳しいですよね。

娘への期待が、ジェンダー秩序とどう絡んでいるかについては8章で触れるが、自らが高い学業や社会的地位を達成しながらも、もろ手を挙げてその結果を喜べなかった母の思いは複雑である。

6章　複合的要因を抱えさせる「マッチョ志向」

（1）二極化する女性の要因

これまで別々に見てきた職場の要因と育児資源の要因を合わせて見てみると、興味深いことが分かる。ワーキングマザーで厳しい職場環境に置かれている人は、夫の育児参加もなかなか得られておらず、比較的恵まれた職場環境にいる人のほうが、夫の育児参加も比較的ある――という風に、二極化しているのだ。

職場環境と育児環境のクロス表である表15からは、まず、改めて、夫の育児参加よりは職場環境の影響が大きいことが確認できる。夫の育児参加がなくても職場環境が良ければ継続が見通せる（続K、続Lや夫の転勤後の続O）ケースはあるが、職場環境が良くない状況を夫の育児参加で補って継続できているケースは、少なくとも今回の対象者では見られない。

職場も厳しく、夫も育児をしてくれない

また、職場環境や夫の育児参加が就労継続に与える影響が大きいとする先行研究は、大枠ではなぞる結果になったものの、多くの女性が抱える要因は複合的であることもうかがえる。

表15　復帰後の処遇と夫の育児参加度合い、復帰後経路

		夫の育児参加度合い		
		〈仕事を調整して育児〉	〈仕事に支障のない範囲で育児〉	〈平日の育児なし〉
復帰後の処遇	〈制度・文化の浸透〉	続J 続O	続I 続M	続K 続L (続O)
	〈本人と上司の工夫〉		予E 続N	予H
	〈無視・無関心〉		退D	退C
	〈過剰な配慮〉		退A	退B 予F 予G

※続Oは復帰後半年程度で夫の転勤が決まり、夫が単身赴任に

職場が、ある程度働きやすい環境が整っているケースでは、多くが夫の育児参加も得られており、継続グループが多い（予E、続J、続O、続I、続M、続N）。

一方で職場も厳しく、夫の平日の育児もなしと、どちらも厳しい環境に置かれているケースがあり（退C、退B、予F、予G）、退職や予備軍につながっていることが分かる。

特に量的調査を中心とする先行研究では、複合的な要因の絡み合いや、要因を得る理由についてはほぼ注目されない。なぜこのように複合的な要因を背負ってしまうのだろうか。

自分と夫に求める仕事重視度

意識面でも、職場環境を選ぶ意識と、夫へ

表16-a　就職活動時の「女性の働きやすさ」重視度合いと夫への期待、復帰後経路

就職活動時の「女性の働きやすさ」重視度合い		夫への期待		
		〈仕事を調整して分担してほしい〉	〈分担はしてほしいが仕事の調整までは求めない〉	〈ほとんど分担できなくても仕方ない〉
	〈先延ばしした〉		続I	
	〈重視した〉	続K 続O	続L 続M	
	〈多少は気にしていた〉		予F	退B
	〈意識していなかった〉	続J		退C 予E 予H
	〈嫌悪感を覚えていた〉		続N	退A 退D 予G

の期待は関連しているのだろうか。表16を見てみよう。

就職活動時の「女性の働きやすさ」の重視度合いと、夫への期待でクロス表を作ると（表16‐a）、4章で見た要因ほど強くないものの、意識も関連しているように見える。ここで次章以降の分析につなげるため、それぞれの組み合わせで志向類型として以下の4類型を作った（表16‐b）。

就職活動時に「女性の働きやすさ」を考えていた中で、夫への分担期待が高いケースは、いわば男も女も両方働き方を変えることに賛同していると見られる。これを**〈WLB志向〉**と名付ける。

表16-b　志向類型

		夫への期待		
		〈仕事を調整して分担してほしい〉	〈分担はしてほしいが仕事の調整までは求めない〉	〈ほとんど分担できなくても仕方ない〉
就職活動時の「女性の働きやすさ」重視度合い	〈先延ばしした〉	〈WLB〉	続I〈伝統〉	
	〈重視した〉	続K 続O	続L 続M	
	〈多少は気にしていた〉		予F	退B
	〈意識していなかった〉	続J		退C 予E 予H
	〈嫌悪感を覚えていた〉		続N	退A 退D 予G
		〈対等〉	〈マッチョ〉	

続K、続Oが該当する。

「女性の働きやすさ」を考えていた中で、夫への分担期待が低いケースは、「女が働き方を変えればいい」といった、性別分業に近い考え方であると考えられる。これを〈**伝統志向**〉とした。続I、続L、続M、退B、予Fの5事例が該当する。

「女性の働きやすさ」を重視しない中で、夫への分担期待が高いケースは、女は男寄りに、男は女寄りに歩み寄ることを理想としていると考えられる。これを〈**対等志向**〉とする。続Jのみがあてはまる。

「女性の働きやすさ」を重視しない

中で、夫への分担期待が低いケースは、女は男寄りを目指すが、男は働き方を変えないという形で、これを〈**マッチョ志向**〉とする。続N、退C、予E、予H、退A、退D、予Gの7事例があてはまる。

なお、夫への期待の分布は〈**仕事を調整して分担してほしい**〉が少ないため、志向類型を作る上で〈**分担はしてほしいが仕事の調整までは求めない**〉〈**ほとんど分担できなくても仕方ない**〉を近い意識としてひとまとめにすると、分布がかなり偏ってしまう。しかし、夫への期待について選択肢で選んでもらったときに〈**仕事を調整して分担してほしい**〉を選んだ3ケースはほとんど迷いなく選んだのに対し、〈**分担はしてほしいが仕事の調整までは求めない**〉〈**ほとんど分担できなくても仕方ない**〉は、多くの対象者が悩んだり理由を説明したりしながらどちらかを選んでいたため、この2つは志向性が近いと考えた。

しかし、どちらかというと〈**伝統志向**〉の中では〈**分担はしてほしいが仕事の調整までは求めない**〉、〈**マッチョ志向**〉の中では〈**ほとんど分担できなくても仕方ない**〉が多いことは注目に値する。いわゆる性別分業意識であれば、妻は「女性の働きやすさ」を重視して、夫には仕事優先を許容するケースが多いことが想定される。しかし、実際は「女性の働きやすさ」を重視する方がどちらかというと夫の分担を求め、「女性の働きやすさ」を重視していなかった方が夫に仕事優先を許容していることが分かる。

ここには、性別分業意識よりもむしろ、男なみの働き方や、社会的地位への競争に対するコミットメントの強さが影響していると考えられる。

働きやすさのような基準を度外視し、家庭を顧《かえり》みずに「会社人間」的な働き方を良しとする度合いは**〈マッチョ志向〉**（＝両方競争から降りない）、**〈対等志向〉**（＝男が降りる）、**〈伝統志向〉**（＝女が降りる）、**〈WLB志向〉**（＝両方降りる）の順に強いと考えられる。

このような志向類型の違いは、どのように醸成されたのだろうか。どのような成育歴や経験の違いが、意識の分化を産んでいるのだろうか。本章では、対象者たちの育った環境に焦点を当てる。

（2）マッチョ志向はどう育ったか

教育社会学の研究ではこれまで、女性であることへの距離感と、キャリア意識の関連が指摘されてきた。つまり、「女の子らしさ」「女性らしさ」を意識しているほど、専業主婦を選びやすい、というように。

吉原惠子（1995）は、「家は私が守るから、相手には外でしっかり働いてほしい」という専業主婦型は、女性らしさの価値にコミットしている度合いが強く、キャリア型（「仕事に専念したいので、家事・育児は半々に分担してほしい」）や両立型（「家庭も仕事も両立させるよう頑張りたい」）の方が、女性らしさの価値から距離を取っていると指摘。「子どもが好き」「料理が得意」といった社会規範としての「女性らしさ」の中身をそのまま受け入れるかどうかや自明視しているかどうかが、キャリア・パターンを分化させる要因になっているとする。

宗方比佐子（2000）は、職業継続型のキャリア選択は、「M型の性役割観（男性的な特性の重視）」と「女性性の拒否（女に生まれたことはよくなかったと思い、生まれ変わるなら男にと考える）」に関連し、家庭生活重視のキャリア選択は「F型の性役割観（女性的な特徴の重視）」と「女性性の受容（女に生まれたことはよかったと思い、生まれ変わっても女がよいと考える）」に関連するとしている。

本調査では、就職活動前までに、どのようなジェンダー秩序を経験してきたのか、それにどう対処してきたかを「ジェンダー経験」と呼び、カテゴリー分けした。

まずは、親からどのようなメッセージを受け取ってきたのか、親の期待を見てみよう。なお、親の職業などについては次節で触れる。

女の子だから、と言われたことのない女たち

「母は特に女の子はそんな、あんまり強くなっちゃうと結婚できないとかそういう心配もあって」（予E）など、親からはきわめて伝統的に「女の子だから」と言われてきたケースが予E、続I、続Jの3事例あった。

続I：私の場合は女の子らしく生きてきた。お母さん髪型変わったね、って言うと「女の子だから気付くんだね」みたいなプラスの問いかけっていうか。お人形遊びすると喜ばれたっていうか、「女の子らしくって」とかいう言葉出たかな。私も私でそれはよかった。

同じように女性であることを意識しながらも、「自立した女に」と言われてきたケースもあった（続N）。

一方、「男も女もなく」育てられたケースは9事例におよび、たとえば続Oはこう語る。

続O：父親から、女の子が「何になりたい？」って言われたときに、そういうときにたと

えば医療系だったら「看護婦さん」じゃなくて「医者になれ」って。お花屋さんになりたいなら、お花屋さんを経営する人になれ、と。サポートする仕事がないと回らないけど、サポートする人はメインで判断できない。物事メインで判断できる方が絶対面白いから、そういう生き方をしろって小学校から言われてた。

逆に「女性らしさ」を抑えたり男まさりに育てようとしたりする親もいた。続Mはこう話す。

続M：母はフリフリだったりそういうもの着せたくないタイプで、私が7歳の七五三のときに、ピンクとか赤の振りそでを着たがったんですけど、無理やり青を着せられた経験もあったりして。そういうところで、親の環境としてはそういうの抑えようとしていたところがあるかなと思います。女らしさを服装とか細やかさとかみたいなものと定義すると、それと真反対で、外で遊んで、中学校の部活も私ははじめ美術部とか考えていたんですけど、ものすごく母の勧めがあってバレーボール部に入って。

このように親の期待にはかなりばらつきがある。ただし全員が親の期待をそのまま受容するわけではない。親からの教育以外で経験したジェンダー秩序についてもう少し見てみよう。

男っぽくふるまう経験

これまでに女性であることで得したことや損したことを聞く中で、高校や大学時代にジェンダー秩序に従うような女性像に違和感を覚え、抵抗するようなふるまいをしていたケースが複数あった。

退D：高校のとき、勉強とかで絶対男子に負けたくない、むしろ負けてないみたいなところで生きてた。女らしくふるまってる同級生に対して、「なんか嫌だな」って感覚があったので、やっぱりどこかで、そうじゃない、女性は男性と平等に活躍できるし、媚《こび》を売る必要はないんだっていう、勝気な気持ちは絶対あった。

続Nは、中高一貫女子校から男性比率の高い大学に入り、次のように感じたという。

続N：何やるにしても、大学入った瞬間、男が中心になるじゃない。サークルとか。部長

は基本男で、副部長が女子みたいな。それまで女子だけでやってたのが、男子が基本動いて女子はサポートするっていうのがあって、すごい不思議に思ったことはあって、なんでここで女子が部長になるとか言うとすごくイレギュラーなことになるんだろうって思った。私はすごい抵抗していた。自分の中で。「関係ないし」って思って、変に男っぽくふるまうこともすごくあった。

ここでは、女性を性的対象やサポート役とするジェンダー秩序における、「女」というカテゴリーに付随する見られ方に対する反発があり、その対処法として、自身が「女」というカテゴリーにあてはめられることを避けるため、「男性化」した経験が語られている。男性中心主義的な社会で「男に媚を売る」「サポート役になる」のではなく、同等に競争したいという意識であり、これが〈**マッチョ志向**〉につながっていくと考えられる。

「女を捨てる」のはどうなのか?

しかし、このような「男っぽくふるまう」ことに対しても、違和感を覚えるケースが出てくる。退Bは、学生時代に男性が圧倒的に多い学科に進み、男っぽくふるまった経験と、その後、それに疑問を覚えた経験を、次のように語る。

退B：そのときは、私、結構男性化したんですよ。まぎれるためには男性化しないといけないと思って、服装とかも男らしくなって言葉遣いとかも。混じろう混じろうって思ってて。でもどっかでそれ辛くなって、なんか、そういうのも違うなって思った。……サークルの友達と授業受けたりご飯食べにいったりって普通のことだと思うんだけど、なんかそれを「あそこは付き合ってる」とかそういうの〔言われるのが〕すっごい嫌で、男性化した気がするんだけど。「そういう目で見ないで」って。〔言われるのが〕すっごい嫌で、男性化した気がするんだけど。「そういう目で見ないで」って。でも無理があった。……なんか違うって思って。そのころに〔後に結婚することになる〕旦那と会ったのかもしれない。それで「なんでそんななの」って言われた気がする。特別視されちゃうのが嫌で、はねかえそうと思ったんだけど、自分らしくもないから。

続Kは高校・大学とアメフト部のマネージャー、トレーナーを務めたが、「女子っぽい格好とかピアスは先輩からするなって言われて」「あんまり女らしさみたいのを出さないように」ふるまっていた。が、次のような経緯で、女性であることについて態度が受容的に転換した。

続K：〔先に働き始めていた〕友達が、私この会社で続けていけないみたいな話をしていて「なんで?」って聞いたら、「20代後半の先輩がすっぴんで、忙しすぎて、着てる服も微妙な部屋着みたいなのとか、髪ぼさぼさで、やばい」みたいな。……それを見て「私そうはなりたくない」みたいな話をしていて、それがちょうど大学3年か4年の初めくらいで、「たしかに」ってそこですごい共感したんですよ。そうやって女らしさみたいなのを出さないようにって思ってたけど、だからといって女を捨てるっていうのとイコールではないなって思って。

ここでは、吉原惠子（1995）の言うような「女性性」、つまり「女」というカテゴリーとの距離の取り方が、様々なタイミングでジェンダー秩序を経験したことがあるかどうか、またそれに対する対処の仕方で分かれていくことが見える。

変化する「女であること」との距離感

親からの期待をそのまま受け取っているケースとそうでないケースがあり、親からの期待

表17　親の期待とジェンダー経験、復帰後経路

		ジェンダー経験			
		〈抵抗のち受容〉	〈受容〉	〈意識なし〉	〈抵抗〉
親の期待	〈女の子だから〉		続I 続L	予E	
	〈自立した女に〉				続N
	〈男も女もなく〉	退B 続K 続O		退A 退C 予F 予H 続J	退D
	〈男まさりに〉	続M			予G

通りに歩んでいない場合は、「女」というカテゴリーに違和感を覚えた経験と、その違和感に対する対処の仕方により、ジェンダー秩序への距離の取り方が変わってくることが見えてきた。本調査ではこれを「ジェンダー経験」として、対象者を以下のように分けた。

まずは、親からも「女の子だから」などと言われたことがなく、女であることを意識したことがないケースを**〈意識なし〉**と呼ぶ。6事例が該当する。

次に、親から「女の子だから」と言われていたなどで、女であることを意識しており、女であることに違和感を覚えたことがないというケースを**〈受容〉**とする（2事例）。

また、女であることを意識するきっかけは

あったが、それに違和感を覚え、男っぽくふるまうようになったケースを〈**抵抗**〉とし（3事例）、男っぽくふるまう経験をしたことがあるものの、それにも違和感を覚えたケースを〈**抵抗のち受容**〉とした（4事例）。

池田博和ら（1984）は、女性性の受容が社会的女性性役割への抵抗感などにより変化することを指摘しており、自らが女性であることについて、いったんは違和感や抵抗感を持ったり、そのことを意識化する感受性を持ちえた方が、積極的受容へと変化しやすいとしている。

これもふまえ、本調査での「ジェンダー経験」カテゴリーは、ジェンダーに対する受容の強さという観点からは〈**抵抗のち受容**〉〈**受容**〉〈**意識なし**〉〈**抵抗**〉という順番に並び替えられる。本調査対象者への聞き取りからは、ジェンダー秩序への距離の取り方は決して一方向的ではなく、変化するものであることが分かった。

異性からの承認

また、対象者の語りからは、〈**受容**〉や〈**意識なし**〉といったジェンダー経験と自身のあり方について、「自分はこのままでいい」と考えるには、恋愛対象からの承認があることがうかがえた。退Bは「男っぽくふるまう」ことに違和感・無理を覚えるきっかけとして、夫

図4　ジェンダー経験の経緯

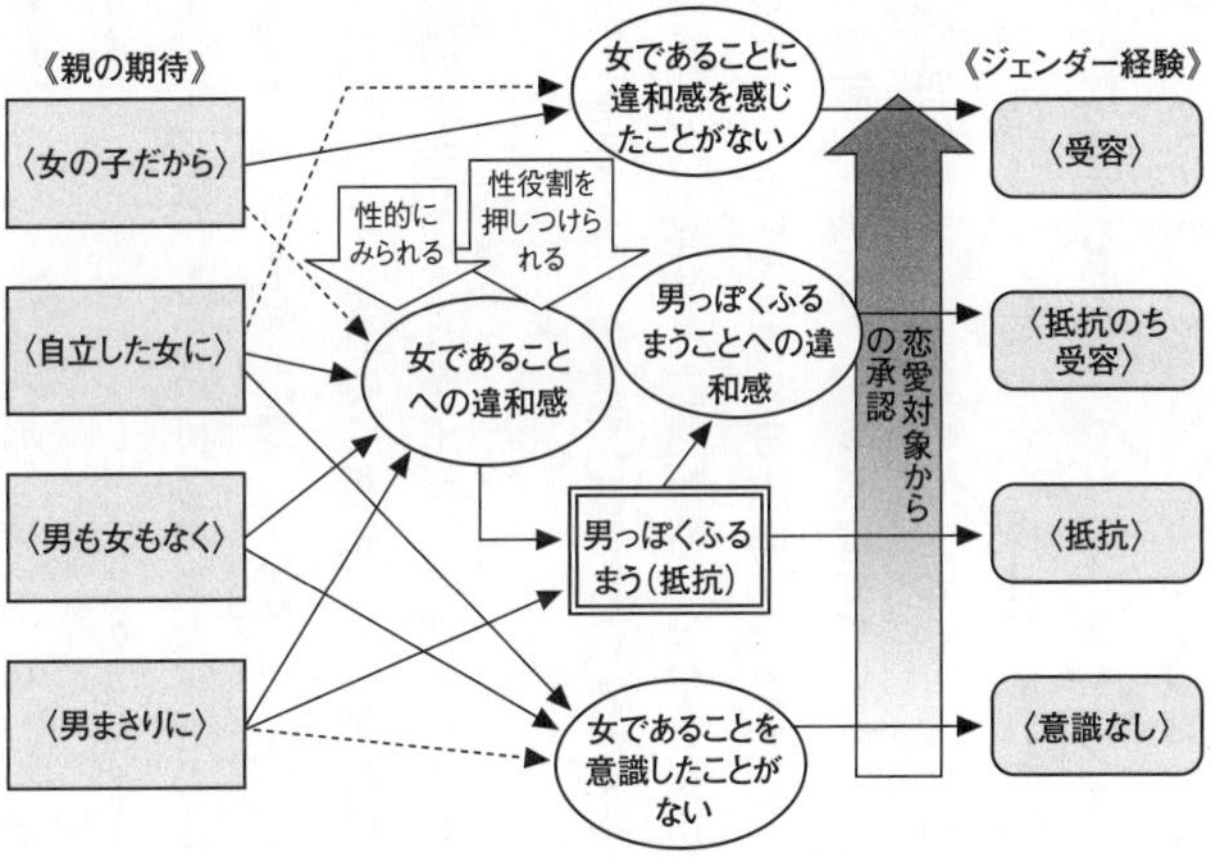

との出会いを挙げている。

恋愛対象からの評価が、当時の自身の在り方を肯定する理由に挙げられているケースは他にもあった。〈抵抗〉のままで「男っぽくふるまう」ことに違和感を覚えないまま就職活動まで過ごしているケースでも、「私特定の相手いるからそれ以外の人興味ないし、みたいなスタンスで生きていられたので」（続J）、「私女らしくないけど、その人（当時の恋人）好きになってくれたし」（退D）という声が挙がっている。「外見で競争する」「付き合っているとか言われる」「ちゃらちゃらしている」など、一般的に性的な客体になることを避けながらも、特定の相手からの性的な承認が「女らしくない」ふるまいを肯定する理由となっている。

8章で詳しく述べるが、ジェンダー秩序を押しつけられるような経験をしたことがなく、しかも「女らしさ」といったものを意識していない自分を肯定してくれるような異性に出会えたケースは、カッコ付きの男女平等の観点からは理想的な状態といえそうだが、復帰後経路まで着目すると、退職・予備軍が多いことが分かる。

また、ここで触れた〈**抵抗**〉や〈**抵抗のち受容**〉のような経験を、就職活動後に経験している例もあり、これが出産後の就労継続意欲には影響を及ぼしてくる。

「女であること」の受容経験がない方がマッチョ志向になる

ジェンダー経験と志向類型の分布を表18で見ると、ジェンダー秩序を何らかの形で受容しているケースで〈**WLB志向**〉、抵抗していたり、認識していなかったりするケースで〈**マッチョ志向**〉の分布が多くなっている。

先行研究では、女性の「女というカテゴリー」との距離の取り方について、自身の就業意識やライフコース展望との関連に触れているものが多いが、ここでは、自分自身だけではなく、夫に対する期待までもが、「ジェンダー経験」と連動していることが分かる。

ジェンダー経験は、男性中心主義的な社会で劣位におかれる「女」というカテゴリーの受

表18　ジェンダー経験と志向類型、復帰後経路

		志向類型			
		〈WLB志向〉	〈伝統志向〉	〈対等志向〉	〈マッチョ志向〉
ジェンダー経験	〈抵抗のち受容〉	続K 続O	退B 続M		
	〈受容〉		続I 続L		
	〈意識なし〉		予F	続J	退A 退C 予E 予H
	〈抵抗〉				退D 予G 続N

け入れ度合いを示していると考えると、この連動には説明がつく。

〈WLB志向〉は、「男性中心主義的な社会での競争から降りること」への抵抗が少なく、夫の「女性化」まで求めるという点で「女」というカテゴリーとの距離が近く親近感がある。

一方、**〈マッチョ志向〉**は、自分自身も夫も「男性中心主義的な社会での競争から降りること」への抵抗が強いという点で、「女」というカテゴリーに含まれる劣位性を引き受けていないと捉えられる。

「女であること」への距離と競争

高学歴女性が、出産後も継続しやすい環境を選び取ろうとしないことは、就労継続の意

向があったことと矛盾するようにも見える。しかし、高学歴で、よく勉強もしていて、就労継続するつもりの【男子学生】が、「出産後も継続しやすい環境を選び取ろう」と考えるだろうか。そのようなことを考えたことのない男子学生が「いつかは結婚することも子どもを持つこともあるかもしれない」と考えることは、そう矛盾したことのようには捉えられないはずだ。

ジェンダー経験が〈**意識なし**〉〈**抵抗**〉だった本調査対象者たちは、周りの男子学生と全く同じように仕事や将来設計を考えていた。

「女の子だから」と言われることもなく、特段意欲（アスピレーション）を冷却されるようなこともなく、むしろ同等に戦い、恋人もできて、特に困ることもない——。女性の意欲（アスピレーション）冷却を問題視してきた研究が成果となって体現化されたかのような男女平等に見える環境下で、自分が女であることを意識する機会がなかったか、ジェンダー秩序に抵抗し、女であることを隠すようなふるまいをして競争を生き延び勝ち抜いてきた。

そのような女性たちが、就職後も男性と同等に戦っていくつもりであり、女であるゆえに何か特別なことを準備しないといけないという発想を持っていなかったことは、不思議ではない。

社長夫人より社長を目指す競争

斎藤美奈子（2000）の『モダンガール論』の冒頭、「女の子には出世の道が2つある。社長になるか社長夫人になるか――」にあてはめれば、ここに働いている競争原理は、「どんな高収入男性と結婚できるか」という「社長夫人」になる競争ではなく、完全に「社長」になる方、つまり自分自身による社会的地位の達成を目指す競争である。

もちろん、男性全員が競争主義的なわけではなく、男性学が問題とするように、男性の中にも「男らしさ」に縛られ、苦しめられている人たちもいる。ただ、多賀太《たがふとし》（2006）が、「教育達成をめぐる競争は、将来の職業達成という『男性的』な成功の手段として男性的な意味を帯びている」と指摘するように、本調査の対象者は、有名大学を出て、大手企業の総合職に就職したような女性であり、その男性化された競争に巻き込まれていると言えるだろう。

そのような男性中心主義的な社会において、「サポート役」「性的な客体」といった「女」というカテゴリーそのものに与えられた劣位性をどう認識し距離を取ろうとするか。女であることを強調したり覆い隠したりすることの「必要性」を感じるかどうかが、志向類型に影響していると考えられる。

つまり、ここでは、従来のジェンダーの社会化研究が対象としてきた「女性性」の意識や距離の取り方に、男性中心主義的な社会へのコミットメントや競争意識があるかが影響していると言えるだろう。

このような競争意識が、どのような構造で醸成されたり変化したりしていくのか、次の7章で個々人のライフコースを具体的に見た上で、最終章である8章で結論を述べる。

（補1）親の職業との関連

前節で定義した**〈WLB志向〉〈伝統志向〉〈対等志向〉〈マッチョ志向〉**の4つの志向類型と、育った環境について、本著では「ジェンダー経験」で説明してきたが、本節では補足として、一般的な特性についても関連の有無を示しておきたい。

母親の職業はあまり関係がない

村松幹子（2000）は、女子学生のライフコース展望を「勤続型」「再参入型」「退職・無職型」に分け、女子学生の（理想ではなく実際になるであろうと考える）展望は、父母の期待と似た傾向があり、父母の期待は、母親の職業上の地位と関連が強いとしている。

表19　母親の職業と志向類型、復帰後経路

		志向類型			
		〈WLB志向〉	〈伝統志向〉	〈対等志向〉	〈マッチョ志向〉
母親の職業	〈フルタイム〉	続K(自営業)	退B(公務員)	続J(教師)	退A(教師)
	〈パート〉		予F(父の補助)		予E(英語教室) 退D(父の補助)
	〈中断再開〉		続I		予H 予G 退C
	〈専業主婦〉	続O	続L 続M		続N

本調査の対象者は、村松の分類によれば、就職前の時点で全員が「勤続型」となるが、前章では、同じ就労継続志望の中でも競争社会との距離感は様々であることが分かった。志向類型の分布と母親の職業の関連を見てみよう。

母親が教師や公務員などで調査対象者が小さい頃もフルタイムで働き続けていたのは4事例、放課後までの時間など多少融通が利く形で開業医の父の補助などをしていたのが3事例、子どもが高校生以上になって再び働き始めたのが4事例、専業主婦が4事例あるが、表19を見ると志向類型との関連は強くない。

母が専業主婦でも「反面教師」として見る

関連があまり見られないのは、本調査の対

象者は全員が就労継続志向であり、母親が専業主婦でも母親自身は就労を希望しながらもあきらめたなどで娘には働くことを期待していたり、本人が母親を反面教師と見ていることなどが一因と見られる。実際、1960年代生まれ前後の母親たちは、自身が専業主婦であっても、ほとんどが娘に仕事を確保することを望んでいるとする研究もある（杉原 2011）。たとえば退Cは、結局自分も専業主婦になるものの、志向類型は〈**マッチョ志向**〉で、自分が小さいうちは専業主婦をしていた母親について次のように話す。

退C：どっちかというとうちの母は、自分がもっといろいろ働きたかった。いろいろやりたかったのに、3人の子育てに追われていたという感覚があったので、女の子だからって「結婚して仕事辞める」っていう風には全く刷り込まれてこなかったと思います。むしろ逆にどんどん働いて、ずっと男の子と同様に働いていてほしいという風に育てられたと思います。

母親側に娘に働き続けてほしいとの期待がなくとも、娘が反面教師と見ることも多い。〈**WLB志向**〉の続Oは専業主婦の母親についてこう語る。

続O：〔母親は自分にとって〕反面教師と断言できます。手間をかけてしっかり育ててもらったありがたみや恩義はとても感じているのだけど、どうしても中高大と〔自分が〕成長するにつれて、実社会を経験していない母親の世界観が信用できなくて嫌でした。自分が社会で長く働いていることで、子どもに話してあげられる知識・体験が多いといいな、それが子どもにとってプラスになればいいなという願いがある。

村松幹子（2000）は、多くの父母が、女子学生の職業生活に関して高い期待を寄せると同時に、母親役割についても期待しており、親の期待自体がアンビヴァレントであること、女子学生自身も職業キャリア、家族キャリア双方に強いアスピレーションを持ちながら、将来の「子育ては母親で」という育児に対する強い責任感も持っているため、条件次第でライフコース展望が揺れ動きやすいことも指摘している。

この傾向は本調査でも見られ、「漠然と見ていたのは自分の親の姿だから、小さいころ家にいてくれたことに対してはよかったなぁと思っていて、私もそうなるのかなぁという漠然としたイメージ持っていて」（続I）というように、専業主婦だった母のように、もしくは有職だった母以上に、子育てをしたいという語りも多くの対象者から聞かれた。

両親の離別による経済的自立への強い思い

親の離婚や死別を経験した事例が、予G、予Hの2ケースあった。ともに本人が大学生のとき、母親は稼ぎ主であった夫(対象者の父親)と離別したことをきっかけに働き始めている。大学生のときに両親が別居し離婚協議を始めた予Gは次のように語る。

予G：親の背中を見て、これは自分の足で立たないとまずいなという思いは強かった。専業主婦は危険だなと、すごく。なんか自分の生活の糧《かて》を他人の腕に頼って生きていくことが怖くてできないという思いが強くなった。

予Hは大学生のときに父親を亡くし、「母親は専業主婦だったのが、そこから急に働かないといけなくて、ものすっごい大変そうだった」と言う。「それ見て、最悪と思って。女が自立できない状況がそんだけ嫌なものなんだって」「絶対自分の足で立てない状況って怖すぎて嫌だってそこで思って、一生仕事したいって思うようになって。それが結構強い」と話す。

この2ケースはいずれも働くことへの意欲は強く〈**マッチョ志向**〉になっており、また状況的には厳しい環境に置かれながらも退職の決意もできず、予備軍グループに該当している。

共働き母もロールモデルとは限らない

一方、母親がフルタイムやパートとして働いていても、モデルとして見る面と、反面教師として見る面が見られた。伊藤裕子（1996）は、父母の養育態度が娘の役割指向に大きく影響を与えるとしながらも、母親の養育態度が同じでも、娘自身の選択した職経歴によって、母親の評価が逆転することを示し、「娘は母親に対して、自身の職経歴選択に基づき同性モデルとして母親を値踏《ねぶ》み」するとしている。

本調査の対象者の母親への評価も、一人ひとりの中でも相反する複雑な思いが入り混じり、しかも自身が選んだ行動によって、その評価は変化していた。

たとえば〈**対等志向**〉の続Jは、「〔両親は共働きで〕3人預けて働いていたので、そのころよりはどう考えても楽だから、私も働かなきゃみたいな」と、母親を肯定しながら、それ以上を目指す。一方、専業主婦になり3人の子を産むことになる退Aは、「正直家事も全然してなかった」という母について批判的にこう語る。

退Ａ：一人の人間として見ると、いやー、なんだか困った人だなぁって見えますよね。仕事してきたのかもしれないし、それは素晴らしいと思うけど、もうちょっと母親としていろいろ家のことしたりとか、子どもと、別にどこかに遊びに行ったり旅行に行くことだけが愛情注ぐことじゃないと思うので、日ごろどうしてもっと私と接してなかったのかなって。

「育休世代」の女性たちは、女性の働く環境が親世代に比べれば整備されてきたこともあり、「母のように」で満足してはいない。

父親に甘い娘たち

伊藤裕子（1996）は、娘たちは母親については値踏みする一方、父親については「娘自身の役割指向性にかかわらず、自律性を重んじ、より平等主義的で、理解あるかが評価の観点」と述べている。上野千鶴子（2010）は、父母の権力関係を目撃し続ける娘が、「母のような存在」になることに絶望しながらも、母を反面教師にし、父と連盟を組むことで母を見下す構図を「父の娘」と表現する。

たしかに、本調査でも、親の影響についての質問をすると、母親に対してときに手厳しい評価がされるのに対し、父親については、全く触れられないか、職業上のアドバイスをしてくれたなどの公的領域での肯定的な評価とともに語られることが多かった。

たとえば、退Aは、共働きの母親については「母は正直家事も全然してなかった」と批判的だったが、家事・育児の関与がなかった父親については、就職などの相談をして助言を受けるなどしており、肯定的だ。父親に仕事優先を許容していたのと同じように、夫には現在の仕事の状況から、育児参加について「ほとんど分担できなくても仕方ない」と考えており、家事・育児負担は自らが背負うことになっている。

中には、仕事優先の父に対して批判的で、夫にも育児参加を求める事例もあった。続Kは共働きだった両親について、母親を「理想」とするが、自らの父親の家事・育児については、「あー全然ない。母がほぼ〔やっていた〕」と批判的だ。

自営業で共働きだったため、続Kやきょうだいはよく手伝いをしており、「母は『お父さんやってよ』とか言わないんですけど、どっちかっていうと子どもたちが『なんでお父さんソファーに一人で座ってんの』って〔文句を言っていた〕」という。ただ続Kの夫は、実際の育児参加は〈**平日の育児なし**〉であり、結果としては批判的だった父親と同じような夫を得ていることになる。

表20　父親の育児参加と志向類型、復帰後経路

		志向類型			
		〈WLB志向〉	〈伝統志向〉	〈対等志向〉	〈マッチョ志向〉
父親の育児参加	〈いつも〉		退B	続J	退D
	〈たまに〉	続O	予F 続I		退C 続N
	〈なし〉	続K	続L		退A 予E 予H 予G

※続Mは未確認

父の家事・育児参加がない方がマッチョ志向が若干多い

父親の家事・育児参加と夫への期待の関連について見るため、表20で志向類型とのクロス表を作った。父親の育児参加がほとんど**〈なし〉**のケースで**〈マッチョ志向〉**が多い傾向はあるものの、**〈いつも〉**育児をしていたケースでも、**〈なし〉**のケースでも、夫には仕事優先を許容するケースもあれば対等を求めるケースもあり、明確な関連は見られない。

父がいつも家事・育児をしていたという3事例は、すべて母親がフルタイムかパートで仕事をしているケースだった。しかし、夫への育児期待は必ずしも高くなく、退B、退D

は実際の夫の育児参加度合いも限定的である。

一方、母親がフルタイムにもかかわらず父親の育児参加がなかったケースでも、退Aのように、父への評価や夫への期待が厳しいとも限らない。父のような仕事重視と、母がしてきた、あるいはそれ以上の育児の両方を自分に課し、さらに父のような仕事重視を夫に求めれば、結局は自分自身が、負担を背負い込むことにつながる。

（補2）きょうだいとの関連

長子ほど親の期待がかかる

次に、きょうだいの中での順番、きょうだいのジェンダーと、志向類型の関連を見た。表21できょうだいの中での順番を見ると、退A、予H、予G、続Jなど長子で**〈マッチョ志向〉〈対等志向〉**が、続Kや退B、予F、続I、続Lなど末子や一人っ子で**〈WLB志向〉**や**〈伝統志向〉**がやや多い。

長子はジェンダーを問わず、親の期待を受けやすい面がある。弟が1人いる予Gは、「どちらかというと長男的な育てられ方をした。弟はのんびりした子で勉強もあんまり好きじゃ

表21　きょうだいの中での順番と志向類型、復帰後経路

		志向類型			
		〈WLB志向〉	〈伝統志向〉	〈対等志向〉	〈マッチョ志向〉
きょうだいの中での順番	一人っ子	続O	続M		
	末っ子	続K（兄、姉）	退B（兄、兄） 予F（兄、姉） 続I（兄） 続L（姉、姉）		退C（兄、姉） 予E（兄、姉）
	真ん中				退D（兄、弟、妹） 続N（姉、弟）
	長子			続J（妹、弟）	退A（妹） 予G（弟） 予H（妹、弟、妹）

なくて、だからどっちかっていうと、お姉ちゃんできるのに弟はできないみたいな扱いをされて、彼の方が萎縮《いしゅく》してしまった」と話す。

一方、末子の続Iは、兄の東大進学により親からのプレッシャーが減退したと感じている。

続I：兄は、親の期待を背負い、〔私は〕自由に生きてきて、大学受験のときにうちの親が両方高卒なので、学歴コンプレックス持っているというか、子どもにはちゃんとした教育受けさせたいという思いがすごく強くて……兄が、高卒の親だけど東大に受かったってことで、すごい親も満足した。それを見てたから、私に

は何の負担もかかってこないっていうか、兄も大学のとき自由にしたらいいよみたいな感じになって、解き放たれたみたいな。私も楽に捉えてたっていうか。

兄・姉のいる続Kも、「〔親は〕兄には結構厳しくて。勉強しなさいって言われてるのを見た気がするんですけど、段々ゆるくなってきて、私はゆるくなった道を歩く」と話す。

男きょうだいと張り合い、女きょうだいと棲み分ける

一方、末子の場合、親の期待はなくとも、きょうだいからの影響を受けているケースや、きょうだいを見てその成功や失敗を糧にしていくようなケースがあった。兄が2人いる退Bは、次のように話す。

退B：〔私は〕3人目だから、上の兄よりは、〔とか、上の兄〕くらいは、とか、X町からY市に下宿した、上の兄が開拓したのをちょっと超えるみたいな感じで、勝手に対抗心、ライバル意識持ってついていった。

表22　きょうだいのジェンダーと志向類型、復帰後経路

		志向類型			
		〈WLB志向〉	〈伝統志向〉	〈対等志向〉	〈マッチョ志向〉
きょうだいのジェンダー	一人っ子	続O	続M		
	女きょうだい		続L（姉、姉）		退A（妹）
	男きょうだい		退B（兄、兄） 続I（兄）		予G（弟）
	両方	続K（兄、姉）	予F（兄、姉）	続J（妹、弟）	退C（兄、姉） 退D（兄、弟、妹） 予E（兄、姉） 予H（妹、弟、妹） 続N（姉、弟）

兄・姉がいる予Eも、「私、お兄ちゃんの影響を受けてて、すごい似ててすごい好きで、お兄ちゃんすっごい勉強してたし、賢い人だと思ってたんですよ」と、大学進学のときには兄の助言にしたがって大学選択をしている。

表22できょうだいのジェンダーを確認すると、3人きょうだいなどで両方の性別のきょうだいがいたケースが多いが、〈**女きょうだい**〉のみのケースと〈**男きょうだい**〉のみのケースで志向類型の分布に差が見られない。

ただ、特に男きょうだいの影響は、大学進学までについてで語られることが多く、女きょうだいから受けた影響については、仕事と結婚や出産も含めたライフイベントを含めた生き方として、社会的な成功と家庭重視の生

き方を、まるで「棲《す》み分《わ》け」するような発言が目立った。

兄・姉がいる退Cは、「うちの両親は本当に兄に『男としてしっかり』とか〔姉や私に〕『女の子だからまぁいいか』とかそういう育て方がなかったので、男も女も関係なく勉強しなさいという感じだった」と言い、志向類型は〈**マッチョ志向**〉である。しかし、出産後に仕事を辞めることを決めるときの母親からの期待について、次のように語る。

退C：〔母親は「娘には働き続けてほしい」という考え方だったが〕でも姉がいるので、親の勝手な思いをお姉ちゃんに託してみたいなところがあるので、一人っ子だと感じるかもしれないけど上に2人いるので、私いいかなみたいな。〔姉は〕結婚して、子どももいなくて、ずっと忙しく働いていて、そういう意味でも母親の思いを託しやすいかなと。

一方、予Eの場合は、就職活動をし始めた頃、ちょうど一般職で働いていた姉が結婚し、専業主婦となった。このころの父親の期待について次のように語る。

予E：以前は父も「女の子やし、結婚して辞めたらいいけど……でも4年分くらいは働い

たら」くらいのこと言ってたんですけど、就職活動し始めたら、実は結構がっつり働いてほしいのかなってのもあって。……「女もやらなあかん」みたいなこと言い出して。……父の中で変わったのかもしれない。……総合職しか受ける気ないって言ったら、姉は一般職だったんですけど、〔父親は〕「そーなのか」ってちょっと嬉しそうだった。

復帰後経路まで含めて考えたときに、女きょうだいがいることで、親からのライフコース期待を分散できることが、判断に影響しているとも考えられる。

本調査では、きょうだいの数やジェンダー、きょうだいの進路や職業が多様であるため、特定の傾向があると示せる項目は限定的だ。しかし、調査対象者の発言からは、少なからずきょうだいとの比較が競争意識に様々に影響を及ぼしていることがうかがえる。

(補3) 学校・キャリア教育との関連

女子校出身者の方が辞めない

出身学校が女子校か共学かは、志向類型にどのように影響しているだろうか。

表23　女子校経験と志向類型、復帰後経路

		志向類型			
		〈WLB志向〉	〈伝統志向〉	〈対等志向〉	〈マッチョ志向〉
女子校経験	〈高校も大学も共学〉		退B	続J	退A 退D
	〈高校で女子のみクラス経験あり〉	続K	続M		退C
	〈高校が女子校〉（※は大学も）	続O※	予F		予E 予G 予H※ 続N
	〈大学が女子大〉		続I 続L		

女子校経験を**〈高校も大学も共学〉〈高校で女子のみクラス経験あり〉〈高校が女子校〉〈大学が女子大〉**に分けて表23に示したところ、志向類型の分布はばらけた。

ただし、復帰後経路まで見た場合、女子校経験が基本的にないケースに、退職グループがすべて含まれ、一方で予備軍グループの全員が、高校が女子校であることが目立つ。

高校までが女子校だったケースでは、共学の大学入学などで一種のカルチャーショックを受けるのに対して、女子校経験が全くないケースでは、就職や実際に妊娠するまで男女差を意識する経験がなく、自分が女であることを引き受けきれていなかったり、女性ゆえに受ける処遇への耐性がなかったりする可能

性がある。

「自立した女性」を育てる女子校

中西祐子（1993）は、女子校への研究をもとに、学校の文化が、同じような学業成績内の女子学生を、従来「女性向き」（人文科学系、中断再就職、職業より家庭を優先したライフスタイル）とされてきた職業への希望と、従来「女性向きではない」（医学部、定年まで継続して就業、家庭より職業を優先したライフスタイル）とされてきた職業への希望に、分化させる要因になるとし、その影響は親の影響よりも強いとしている。

本調査でも、学校での教育について対象者に質問をしたところ、まず女性であることを意識したライフコースの方向付けが本人に認識されるほど明確なのは、私立女子校に限られた。共学の対象者からは「学校までで男だからとか女だからとか意識したことがない」「特に女性のキャリアについて考える機会はなかった」との声が上がっている。

高校までの女子校経験者からは、「自立した女性」を育てようとしている文化があったとする語りが複数聞かれた。都内の私立女子大の附属校に通っていた続Oは次のように話す。

続O：女子校ってさ、働かないのが罪だ、みたいのがない？　中学高校の先生とか当然女性の方が多いんだけど、罪だとは言わないけど、人としてちゃんと生きていくためには、自分で稼いで子ども産んで育てて、その中でも社会と関わり持って、みたいのが。

都内の私立進学女子校に通っていた続Nも、「堅実な女性になれという教育方針で、たしかにそうなった気がするし、周りを見てもそうかも。職を持つのも普通だし、お母さんもやってるし、地に足つけてしっかりやっていきましょうと」と話す。

学校文化の「効力」は限定的

一方、自身の出身校の文化を「自立した女性に」とした私立女子校出身者の中でも、高校までの学校文化が大学選択以降の長期のライフコースには影響を与えていないとする事例もあった。地方の私立女子校出身の予Eは、自身は〈**マッチョ志向**〉だが、次のように語る。

予E：うちの学校の人たちは「自立した女性に」って言って、いい大学行って、いい就職までしてるのに、結局いいとこのお嬢さんやったんやな。結局〔今は〕専業主婦〔になっ

ている同級生〕が多くて。〔高校の時に指導される〕進路って大学までで終わってた。進路相談って、女性がどう働くとかって全然なかったな。

地方の私立進学女子校に通った予Fは、「女性でも自立した人でありなさいというか、進学校だったというのもあって、そういう教育方針のところだった」と言いながらも、自身は〈伝統志向〉で「女性はその気になれば、子どもがいるからっていう理由で仕事しなくても非難されることないじゃないですか」と話す。

この2ケースからは、当時の学校文化の「効力」が限定的であることが分かる。

中西の研究は、高校入学前からある程度、本人や親が進学先のイメージを持った上で高校選択をしていることが影響している可能性がある。また、人文科学系への進学を一様に「女性向き」への方向付け、医学部への進学をそうではないものとして扱っているが、医師などの資格職は女性が続けやすい職業とも捉えられ、大学卒業以降の経路まで見れば、また異なる結果が出てくる可能性がある。

また、本調査では、学校文化を内面化するほど学校にコミットしていなかったケースも見られる。たとえば、高校・大学ともに、受験で第一志望ではない学校に入学していた続Iは、

「〔外でスポーツの課外活動をしていて〕高校時代〔学校で〕何してたかあんまり記憶がない」「大学受験で失敗して、女子大行くんだけど、そこで挫折《ざせつ》味わって、こんな大学にしか行けないって思って、大学の中で頑張るってよりは学外のつながりは大事にした」と話す。

キャリア教育・インターンシップの効果

本調査の対象者からは、大学の文化が直接的に影響を与えたと判断できるような語りはなかった。ただ、就職活動を本格的に開始する前のキャリア教育やインターンシップ等で、働く女性の実態に触れる機会があったことについて語られる事例があった。

続Oは中学から大学にかけて、女子校で「ずっとキャリア教育で卒業生の話、働いてる卒業生の職種十何種類から聞きましょうっていうの、中3と高校生のときからあったから、自然と卒業したらこういう風に働くんだっていう刷り込み」があったとする。

続Mは人事関係のゼミに所属しており、「激務でうつになって辞めましたとか」様々な企業の話を聞いたことがあった。また、学生時代にアルバイトをしていた会社に、大手企業に勤務したのち一度専業主婦になってから再就職した女性がおり、「『1つ会社に勤めてたことが信用になるのよ。小さい会社だったら、その人としては優秀でも、信用のバックグラウンドとして違うのよ』って言われた」ことが、自身の「安定志向」につながっているとする。企業選択の際には、小規模の企業と悩みながらも、「規模が小さい分やりがいあるんだろうけど、1人抜けるのすごく痛いんだろうなと思ったので」と、大手企業を選んでいる。

続Lも、インターンシップを複数経験する中で、ベンチャー企業の社風に触れる。

続L：ちゃんとした大企業じゃないスピーディな感じの若い人がバリバリやってる感じがまたすごく面白くて。ただ、女性の人が体調崩して辞めていくみたいなの目にして。ことごとく皆、身体を壊して辞めていく……。インターン生なのに夜9時に帰ってたし、社員さん夜9時なんて誰も帰らないし。……結構びっくりして。

この3ケースはいずれも、就職活動時に女性の働きやすさを重視したケースで、キャリア教育やインターンシップには一定の効果があったと考えられる。しかし、3章で見たように、内定先の企業が激務であることを知りながら、入社している事例もある。「激務」の環境を目の当たりにしながらも、それを「嫌だ」「避けたい」と思うかどうかは別問題である。

7章　誰が辞め、誰が残るのか？

ここまで読んでいただいた読者には、2種類の不満が湧いているかもしれない。

1つは、統計（量的調査）を重視する人たちの「統計的有意かを見るにはサンプルが少なすぎる」というもの。もう1つは、ルポ的に読みたい人たちの「15人の語りがバラバラになっていて、ライフコースが追いづらい」、というものではないだろうか。

この2つの不満にこたえるような形で、これまで要素に分けて見てきた個人の要因や意識を、最後に「ストーリー」として見ていきたい。

育った環境―就職―結婚・出産―復帰―その後、というライフコースを見たときに、同じルートを歩む人は1人もいない。しかし、それぞれのイベントが全く独立していて、ランダムに経路が決まっていくわけでもない（図5参照）。

7章では、同じような終着点（ここでは復帰後しばらくして、退職したか、退職しそうか、継続するつもりか）に至ったグループごとに、たどった経路の傾向をつかんでみよう。

なお、調査対象の選定や分析方法については2章で触れているが、本調査はもともと質的調査が適していると考えており、量的調査による「証明」を目指していない。その意味で1つ目の不満には完全にこたえることができないかもしれない。ただ、統計的に有意かどうかという数字に落とし込んでしまったとたんに、見えなくなってしまうものもある。

図5　15ケースの経路

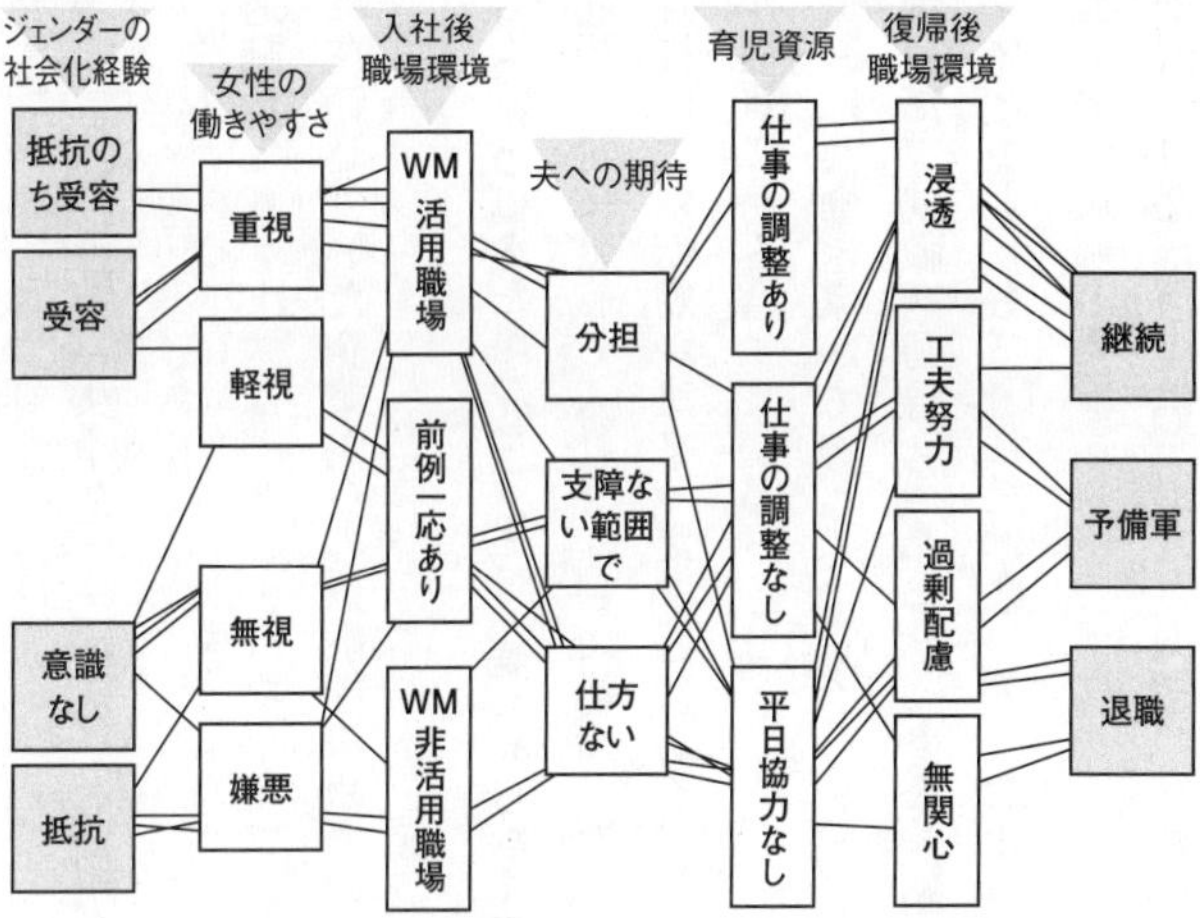

私が過去の様々な研究を調べたときにもっとも違和感を覚えたのは、計量分析では、重回帰分析などでそれぞれ複数の要因について影響の度合いを測ることはできるのだが、一人ひとりの経路が見えなくなってしまうことだった（そこでこの研究にはＴＥＭという分析方法を採用している）。

最後までインタビュイー一人ひとりの顔を思い浮かべながら、彼女たちが歩んできた道や抱えてきた思いに耳を傾けるには、15人という人数は適当な人数だったと考えている。

（1）結局「女ゆえ」に辞める退職グループ

退職した4ケースは、どのようなライフコースを歩み、最終的にどのような状況下で妊娠時に在籍していた企業からの退職を決めているのだろうか。

「がつがつ働きたかった」から「誰もやらなくてもいいような仕事」へ

建設大手に就職し入社2年目で出産した退Aが、直接退職を決意したきっかけは、復帰数カ月後に夫の転勤が決まったことである。しかし、退職を決意する経緯を見ると、様々な要因が複雑に絡み合っている。

退Aは共働き家庭で育ち、「男がどうとか女が家にいるとかそういう価値観全くない」中で育った。就職活動時も「がつがつ働きたかった」「あんまり福利厚生とかワークライフバランスとかよりも、どれだけ楽しそうな仕事がきつくてもいいからできるか」と意気込んで、建設業界に就職した。

配属された部署では、退Aと同期の女性が初の女性総合職だった。当初上層部は扱いに困っていたが、『女子だからとか、やめてください』とかお酒の席で言ったりして、必死についていった」という。

大学時代から交際していた恋人が1年遅れで就職し、結婚。仕事と育児の両立について、「想像もできなかったし前例も分からなかったので甘かったんでしょうね、現実が見えてなかった」と、具体的なイメージができていないまま妊娠が判明した。

入社時、女性総合職というだけで「腫れ物にさわるような」扱いだった社内で、ようやく信頼を築き、仕事のやりがいを覚えていた時期だっただけに、本人も妊娠には「残念な気持ち」を覚える。職場の上司も「前例がないので、つわりが落ち着いたとしてもどれくらい働かせていいか分からない。外回りなのでお腹目立つようになってきたら取引先の人もどう思うか分からないとか〔言われた〕」と、扱いに困っていたという。

退Aが本格的に居場所をなくしていくのは、育休からの復帰後である。典型的な「過剰な配慮」を受け、総合職の給与体系ではあるものの、一般職の仕事しか回ってこなくなった。

退A：〔それまでは〕自分で仕事を取ってきて、作り出して、提案するとかいうことが仕事の中で楽しかったんで、〔復帰後は〕補佐とか、自分に全く責任ないとか事務的なこと

とかばっかりやってて、こんなの誰がやっても同じだし、誰もやらなくてもいいような仕事を作り出して私に与えられてる感が嫌だった。

そこに、夫の転勤が決まった。夫の転勤先に退Aの所属企業の本社があったこともあり、異動させてもらえないかを人事権のある事業部にかけあった。

しかし、会社側の対応は、「『君の旦那さん、××（大手企業名）さんだから稼いでるでしょ』みたいな感じなんですよ、『だから大丈夫だよね』みたいな」対応だった。人事部の「女性の人権を考えるような推進室」にも相談するが、結局人事部や事業部が同席した面談で提示されたのは、まずは当時住んでいた夫の社員寮を出るために引っ越しをして、新しい保育園を探した上で、「1カ月後の定期異動のときにもしかしたら異動があるかもしれない」という曖昧な回答であった。

これを受けて退Aは、「あーもう、この人たちそんな気ない」「私に辞めてくれって言ってるのかなと思った」という。

母子で残ったとしても、やりがいのある仕事が戻ってくるとも思えなかった。「すごく感情的になってイライラしたんですけど、なので、もうしょうがないな、あ、もうじゃあ辞めますって言って、辞めました」。夫は土日も仕事が入ることがあり多忙で、「夫がほとんどいないことも〔仕事に〕あきらめつけられた理由の1つ」と、夫の転勤先で子育てに専念することにした。

子どもの体調は引き金にすぎない

一方、転職した調査会社で育休を取った退Cの場合、退職の引き金になったのは子どもの体調である。退Cの子どもは皮膚が弱く、「一時期〔医者に〕お風呂に1日3回入れとか言われて」「9時に会社に行くのに8時までに保育園に連れて行くのに朝お風呂入れて薬塗るのは結構大変」であった。復帰して、妊娠前と同じ量の仕事を求められる中で「〔子どもが〕いろいろ皮膚の調子落としたり顔腫れることもあって保育園通い始めてから悩み始め」たという。

退Cはもともと「男とか女とか意識したことなく」、外資系金融機関に入社した。しかし、その企業では「結婚したら辞める女性が多くて、組織的に女の子は採るから、2、3年目くらいまで女の子いるんだけど、5年目以上とか見ると95％以上男性、やっぱり女性は辞めるっていう感じ」で、自身も結婚を機に転職している。

しかし、転職先でも、子どもを産んでいる女性は「10年くらい働いて、部下もできてから産んでて」「仕事与える方で、5時になったら部下に任せて帰れるみたいな」女性しかおらず、部下がいない退Cは仕事を持ち帰ることが増えていった。

「最初それで頑張ってたんですけど、娘の肌の調子が悪くて呼び出されたりして休みがちになったりしたときに、だんだん厳しいかなって思ったんですよね」。夫は毎日終電で、多忙であったことも影響している。

退C：〔夫は〕海外出張が多いので、行くと2週間とか帰ってこないんですよね。それも私が仕事続けるのが無理かなと思った原因で。ひどいときとか〔夫が〕1カ月半とかいないと、シングルマザー状態で。しかも会社遠かったりすると本当に厳しいなって思いましたね。疲れちゃって家帰ってご飯作って〔子どもを〕寝かすの精一杯で、笑顔で遊んであげることもできない。本当に疲れちゃうんですよ。

子どもに対しても、「こんな思いまでさせて」「すごい勢いで成長していくのに、あまり余裕もって向き合えなくてそれも寂しいというか、あっという間に大きくなっちゃうのにこの貴重な期間を全然見てあげられないのも寂しい」との思いが強まり、退職した。

直接の引き金や、会社に伝えている理由は、「子どもの体調」であるが、職場環境や育児資源で厳しい状況に置かれていたことが分かる。本人は「私あまり計画的じゃなくて」「ちょっと甘かった」と、自分の選択による自己責任と割り切って、職場や夫を非難することなく、退職を選んでいる。

本田由紀（2010b）は、若者の仕事意識には、「やりたいこと」の重視と同時に、その前提条件として「自らのもてる『能力』を十全に発揮し、それを周囲や社会から正当に評価・承認されたいという欲求」である「能力発揮」意識が根強いとしている。「能力発揮」ができるかは個人の問題とされがちで、社会全体の構造的な諸問題を解決する方向には働きづらく、若者の異議申し立ては沈黙させられているとする。

専業主婦になった退A、退Cの2ケースは、能力を発揮して仕事をしたいという意欲はあるが、それができなくなったときに、ジェンダー秩序の強い職場から自らが退出することによって、いっそ競争社会で闘うことを完全にあきらめてしまっているように見える。そこに構造的な問題が潜んでいる可能性があっても、それを告発する声は企業側には全く届かずに消えて行ってしまう。

仕事への意欲がなくなったわけではない

退職した4人は、意識に幅はあれど、専業主婦になったケースも含めて、決して働く意欲が低下しているわけではない。たとえば退Aは、後の節で見る予備軍グループや継続グループに比べて、むしろ競争意識が強く残っているように見える。

退A：夫はなんか、ずるいなと思いますね。夫が職業続けて、私は仕事したいのとか、今後、その会社にいたら成し得たであろう自分のポジションとか、やれたこと想像すると、めっちゃ悔しくなって、なんでとか思っちゃって。ずるいなって。

退Aは夫の転勤先で再就職を検討するが、4年限定の赴任であったことや、「就職先が決まってるから保育園に入れられる、保育園が決まってないと就職先も見つけられないという悪循環があって」決まらないうちに、第2子の妊娠が分かった。調査時には第3子も妊娠しており、専業主婦を続けている。

退Cも「家事は好きじゃないんです」と話し、夫や母親からも働くことを勧められている。ただ、子どもの幼稚園の送り迎えなどを考えると、現実的には「誰が雇ってくれるのか、厳しいと思います」とし、夫の海外転勤の可能性もふまえ、育児に専念しているうちに、第2子を妊娠した。

他方で、転職した退B、退Dのケースでは、「能力を生かして働きたい」「一生働き続けたい」という思いが、妊娠時に在籍していた企業からの退出を決断させている。

「両立が大変」は波風の立たない無難な理由

退Bは復帰後に、「過剰な配慮」から、「暇」すぎる仕事に不満を抱いていた。当時、夫は海外出張が多く平日の育児参加はなかった。

しかし仕事は「定時で帰るとか、お迎えのお知らせきたら帰るとか、そういうことが全く制約にならないくらい暇で、復帰した子〔友人は〕みんな両立悩んでるのに〔自分は〕全然で、むしろ楽みたいな」状態で、両立に苦戦していたわけではない。

退Bは、たまたま同じ会社で自分よりも前に子どもを産み、同業界の別会社に転職した先輩女性に転職の誘いを受けて退職した。企業には退職の理由を話しておらず、「復職してすぐに辞めるってことは育児との両立が辛いんだなって。勝手にそういうことなのね、って決めつける人が全体的に多くて」、本人も「いろいろグチャグチャ話し合うよりは全然楽だったし、それで済むのかと思ったし、まぁいいやと」説明をしていない。

萩原久美子（2006）は、「結婚」「出産・育児」は、退職に際しての「波風のたたない無難な理由」であり、その「個人的な理由」により、職場の問題は覆い隠されているとしている。企業には「両立が困難である」「家庭生活を優先させた」と認識されている事例でも、職場に問題があった可能性は高い。

企業論理への理解

「天職だった」「仕事が命みたいな」考えだった退Dが、マスコミを退職するのを決めたのは、育休を取る前である。退Dは地方公立高校で男性と同等以上に勉強ができ、希望する大学に入学し、マスコミへの就職も果たす。

「妊娠判明初期は、育休を取って仕事を続ける気満々だった」が、上司の反応は「子どもを産んで仕事を続けている女性もいるけどね……大変だよ」「本当に復帰したいの？」「育休から復帰しても、戻ってくる場所は絶対に××局（当時勤めていた勤務地で、夫とは別居）だからね」というものだった。

北出真紀恵（2013）は、テレビ報道職の研究で、男性上司たちも女性部下に対し「子どもを持つ」までは「女性」であることに全く配慮せず、「ひとりの部下」として〝男なみ〟に扱う傾向を指摘している。

退Dにとっても、それまで同等に扱ってくれていたはずの上司が、妊娠したとたんに「お前だからできるとかじゃなくて」「自分を一人の人として見てくれなくて」、子どもができた人というカテゴリーで見られたことが、ショックだったという。仕事への意欲がなくなったわけではないが、「一生この会社で勤め続けるのは難しい」と感じた。

退D：仕事への未練はあるよ。私がもし男だったら辞めてなかったと思うし、もし生まれ変わって男なら続けたいし、やっぱりあれほど面白いと思える仕事はないし。

夫と別居になることが確定的で、「一生家族とは離れ離れで、そのような仕事の仕方では私は続かない」と、思ったこともあり、「38〔歳〕とか39〔歳〕でまた正社員の仕事見つけるの大変だから、辞めるなら早くしようって」と退職を決意した。

しかし、退Dは企業側の論理にも理解を示す。「上司個人が悪いのではなく」「皆が18時に帰ったら回らない業界だから。子どもが生きるリズムと違うリズムで動いているので、そこで両立できる扱い求めるのはかなり難しい」……と。

加えて、育休を取ってから復帰せずに辞めることも可能ではあったが、「戻る意思がないのに育休を取ることは会社をだますことになる」と、出産前に退職している。

退Dは、就職活動時にも、福利厚生などで「お得な会社を選ぶ」ことを「ずるい」と感じており、退職前後の発言や行動にも、個人としての合理的な判断よりも、内面化された企業論理が優先されているように見える。

退Dはその後、専業主婦、パートを経て別の中小企業の総合職に転職し、さらに仕事と育児と勉強をこなして公務員試験を受け、公務員となる。

「マッチョ志向」の強い退職グループ

退職グループの4ケースは、退職を迫られ専業主婦になっているケースもあるにもかかわらず、むしろその発想は、調査時点でも男性中心主義的な社会に親和的である。

企業側に不信感をいだいて辞めた退Aのケースですら、育児をしながらやりがいを得られるような高付加価値の仕事を求めることについて「それもよくばり……わがままというか」と発言する部分もあった。

表24　退職グループの経路

			ジェンダー経験	志向類型	職場環境	育児資源	その他
退A	地方共学→地方旧帝一工→同大学院、文系	2006建設→2年目で出産→（一旦復職後）専業主婦	〈意識なし〉男とか女とか意識したことない	〈マッチョ〉	〈過剰な配慮〉（一般職的な仕事に変化）	〈仕事に支障ない範囲で育児〉→夫の転勤が決まる	夫と別居の可能性
退B	地方共学→都内旧帝一工→同大学院、理系	2003コンサル→8年目で出産→（一旦復職後）外資コンサル	〈抵抗のち受容〉大学で男性化経験の後、違和感	〈伝統〉	〈過剰な配慮〉（雑務のみでつまらない）	〈平日の育児なし〉海外出張が多く多忙	先輩の誘いで転職
退C	海外→都内旧帝一工→海外大学院、文系	2007外資金融→調査会社→4年目で出産→（一旦復職後）専業主婦	〈意識なし〉男とか女とか意識したことない	〈マッチョ〉	〈無視・無関心〉（余裕がないポジション）	〈平日の育児なし〉夫多忙	子どもの病気
退D	地方共学→都内旧帝一工、文系	2006マスコミ→3年目で出産→パート→出版→公務員	〈抵抗〉男性と同等に競争してきた	〈マッチョ〉	〈無視・無関心〉退職を促すような発言（育休取得せず）	〈仕事に支障のない範囲で育児〉夫は勉強中	夫と別居の可能性、夫無収入

彼女たちは就職活動時に「女性の働きやすさ」を重視せずに〈**マッチョ志向**〉で入社した職場が、子育て女性を使いこなせないことを、ある意味「仕方ない」と捉え、育児協力をしない夫についても、強く交渉に出ない。

表24で改めて確認すると、退Bを除き、ジェンダー経験は〈**意識なし**〉や〈**抵抗**〉で、〈**マッチョ志向**〉の傾向が強い。退Bも含め4ケースとも、女性活用が限定的な企業に入社しており、復帰後の職場環境は〈**過剰な配慮**〉または〈**無視・無関心**〉で、夫の育児参加度合いも、〈**平日の育児なし**〉や〈**仕事に支障のない範囲で育児**〉と複合的な要因を抱えている。ここに、夫の転勤や子どもの病気など外部要因が加わって、退職を決意するに至っている。

(2) 複数の変数に揺れ動く予備軍グループ

まだ退職はしていないものの、主に職場の異動や上司が替わるなどの何らかの環境変化によっては、現在の職場にいられなくなる可能性を感じている「予備軍」は、どのようなルートを歩んできているのだろうか。

描けないキャリア展望

育休復帰後、1年前後が経過して企業に残っているケースの中には、1つでも条件が変わってしまえば退職に大きく傾きそうな「予備軍」の4ケースがある。

女子校で育った予Gは、大学に入って初めて、それまで女子校育ちで意識する必要のなかった「女として生きること」を意識したという。一時期は「女性向けの華やかな職種にあこがれる向きもあった」。

しかし、両親の離婚などで「夫の収入に依存する前提でいること、寿狙いの一般職、若さや美しさを売りにする仕事」を「長期的に稼げないから」と、批判的に見るようになる。「ちゃんと収入があれば、ワーク・ライフ・バランスや彼氏の勤務地は別に気にならないという理屈」で、女性の働きやすさを避けるような形でマスコミに入社する。

この企業では、通常新入社員は地方に配属され、場合によっては2地域以上の経験を経て、数年後、東京配属になるのが通常のルートであるが、予Gは地方勤務中に妊娠が発覚した。夫と別居し母子赴任での復帰を決意するが、長期的なキャリアについては次のように話す。

予G：全く〔イメージ〕できてない。東京に戻るルートに乗ろうと思うと、乗る覚悟まず

固めないといけないというか、時短などという悠長なこと言ってると乗れない。今まで〔妊娠前〕と同じ働き方して、かつ東京戻ってからも同じ働き方します、だから今までのルートに乗せてくださいという覚悟は私の中で決まらない。

また、会社の慣習上、同じ職種である限り、社内婚の夫と同居できる目途《めど》は全く立たない。何らかの形で働き続けたいとは考えているものの、自らの両親が離婚していることなどから、「自分の家庭を作りたい」という思いは強い。子どものために、夫とも同居したかった。そう考えると、同一企業の継続はいずれあきらめないといけないと感じ、「いつかは産みたいと思ってたし、見切り発車」で、復帰直後に第2子を妊娠した。

その後、企業側からは「もっとバックオフィス的な部署に異動したら？　という打診」があり、その場合は夫との同居も視野に入ってくることが分かったが、本人は「仕事のやりがいを捨てきれず悩んでいる」という。

日本の雇用システムは、ＯＪＴ（職場内教育）と「遅い選抜」により、企業のレールに乗って年功序列を上がっていくのが一般的だが、出産後の女性たちはこのレールから外れてしまう感覚を抱く。

山口一男（2009）は、正規雇用では保障と拘束の交換があり、短時間勤務を認めず、残業時間についても個人の都合が考慮されずに、企業の意向に従う「見返り的滅私奉公《めっしほうこう》」が要求されているとする。

それなりに余剰要員を抱えることができる大企業では、そのようなコミットメントができなくても所属し続け、過剰な配慮にあたるような「マミートラック」的な部署で働き続けることはできる。

しかし、そこで女性たちを苦しめるのが「やりがい」への執着だ。5章で見たように、「やりがい」がなくては、子どもを長時間預けてまで働く意味がないと感じる。しかし「やりがい」を得られるような高付加価値の仕事を任せてもらうには、何の制約もない社員と同様に長時間働き、競争することが必要となることも多い。その土俵に上がるには覚悟がいる。

しかも、子どもとの時間を犠牲にして競争に戻ったところで、ハンディはある。厳しい競争に勝って実際に「やりがい」のある仕事を任せてもらえるかは未知数で、それができなかったとしても自己責任にしかならない――。

退職グループでは、補助的な業務に早々に見切りを付け、転職するか、いっそ働くこと自体をあきらめてしまう事例が見られた。しかし予備軍グループは、継続志向が強かったり、現在の在籍企業での継続のメリットがちらついたりするために退職に踏み切れない。

出版社で働いてきた予Hも、父を亡くしたのちに苦労した母を見ていたため、継続志向を強く持っている。大学受験などでのコンプレックスを打ち破るために、社内で評価されようという意欲を持って仕事を続けてきており、対象者の中では出産時期もやや遅めである。復帰後の部署は、これまで培《つちか》ってきた信頼があってか、妊娠前と同じ分野の仕事で、早めに帰ることが可能な職場で「すごく恵まれてる」。

しかし、妊娠前ほど責任のある仕事ではなく、「ずっと雑用のままだったら、〔このままでいいのか〕また考えちゃうときがくるのかな……でも、やりがいがあるであろう忙しい部署への異動希望は、家族の理解を得にくいだろうし、相当覚悟がいるから、分からない」と話す。夫は「子どものために時間を割いてほしい」と考えており、会社を辞めてフリーの編集者になる選択肢も検討してほしそうだが、本人は現実的には難しいと考えている。

予H：〔フリーランスに〕なっちゃえば、小さい仕事とか、これ手伝ってとか、これまでの顔見知りとかで来ると思うけど、今と同じ収入得られるかっていうと無理だし、〔それなりの収入を得るためには〕最初の方はどんな仕事でも受けて、どんな急なスケジュールでもやってとか、それなりに仕事の負担覚悟しないと、その後の道がない。

退職するにしてもマミートラックを脱するにしても「やりがい」を確保するには覚悟が必要で、覚悟を決めた場合は、子育てを誰かに託して働く必要がある。そして、それをしたからといって、確実に収入や成功が得られるわけではない。

予Hは自身も4人きょうだい、夫も3人きょうだいであったことから、子どもは複数産みたいと考えており、第2子以降のことも考えればますます覚悟はつかない。「専業主婦を楽しめるキャラになったらどんなに楽だろうかって思う」と、自身の継続意欲の高さを持て余す。

大内章子（1999）は、女性総合職・基幹職の就労継続を促進する要因として、最も重要な要因は「適切なOJT・異動を通じた技能形成により個人が企業におけるキャリアの方向性を見いだせること」、その次に「育児との両立をサポートする企業の制度・職場環境によって、個人が人生において個人・家族生活と調和のとれたキャリア形成の方向性を見いだせること」としている。

現状が「両立できる環境」ではあっても、今後やりがいをどこまで求めるか、子育てをどこまで外注するか、第2子をどうするかということに対して、覚悟が本人に求められ、その決断をしないことによる帰結が自己責任とされてしまえば、「キャリアの方向性」は見いだしにくい。変数の多い方程式を前に、復帰後女性は一人、立ち尽くしてしまう。予備軍グループは、退職グループのように子どもの病気や他社からの引き抜きといった外的要因の引き金が現れない限り、揺れながら日々を送ることになる。

「割り切り」によって上がる継続可能性

退職グループは、育休からの復帰後1年以内で退職しているが、予備軍グループの中には復帰後1年程度が経過し、状況が変化してきたというケースもあった。予備軍グループの4ケースが「こういう状況になったら退職を考える」と想定している引き金は、部署の異動や上司が替わることなどの職場環境の変化である。

しかし実際は、職場環境が変わってきたり、本人が仕事に対する期待や子どもの数の理想を実態の仕事内容や働きかたの方に合わせていったりと、悩みの変数を減らすことができれば、継続する可能性も出てくる。

予Eは〈本人と上司の工夫〉で、妊娠前からの仕事である営業を続けることができており、上司が替わることや部署異動には不安を抱える。

予E：たまたま今の上司がすごい理解ある方で、２人目の妊娠が分かったとき、「ぜひ戻ってきてね」って言ってくれたんですけど「俺が〔異動で〕どうなってるか分かんないからね、そのときはごめんね」って話をして。結構古い体質の会社なので「女いらねー」って言ってる部署もあるし、ましてや「子ども産んだ女なんて使えねー」って思ってる人も上の方でいるので、どうなるか分からない。

予Eはこのように話すものの、復帰後１年が経過したころ、社内競争への意欲を自ら調整することで、継続への割り切りは整理できてきたという。

予E：〔第一線に戻る〕意欲も最初の１年くらいはあったんですけど。同期とか見てるとなんかこう、全然自分同じところに立っていない感じがしたりして、最初の１年は「私も戻りたい」とか旦那にぎゃーぎゃー泣いたりしたけど、その同期と自分と比べること自体がなくなってきた。復帰して1年くらいして、社内の営業で集まってるときに、同期の男の子も女の子も何人かいたんですけど、「予Eは別ルート行ってるやん」って言われて、比べられてない、並べられてすらいないってことに気付いたんですよ。別世界行っちゃってるやん、みたいな軽い言い方で、言われたときはめちゃくちゃ悔しかったんですけど、よくよく考えると、「そうなんだなぁ」って、気が楽になった面はあります。

予Eはもともと、親からは「女の子だから浪人はだめ」などと言われるものの、兄を見習い、あまり男女を意識せずに過ごしてきた。就職後は「周りもクライアントもみんな男という環境の中、時として『女を消す努力をした時も』」あったが、出産後、女性が多い職場で、女性らしく生き生きと働く女性も見るようになり、「育児も仕事も6割」で心理的葛藤はなくなってきた。営業を続けられており、しかも母親であることを生かした担当ができているため、第2子出産後も早めに復職したいと考えている。

希望する子どもの人数を「調整」する

一方、予Fは、復帰後半年程度は、「急に休んだりしてもいいようなどっちかっていうと雑用に近いような仕事」をして〈**過剰な配慮**〉気味であるゆえに、次のように話していた。

予F：これを5、6年も続けるって、私も「んー」ってなるし、会社としてもそういう人材ずっと置いておくわけにいかないと思うので。ずっといるつもりはあんまりない。いつかは決めてないけど、またフルタイムに戻って、残業だったり人によっては出張ばっかりだったりする会社なので、それをこれからずっと続けていくかなっていうと、これから〔子どもが〕小学校入ってからとか考えるとなかなか難しい。

しかし、復帰後1年程度になると、少しずつ仕事の量が増えていき、継続の可能性が上がってきたという。また、予Fは、志向類型では〈**伝統志向**〉で、もともとあまり男性と同等に競争して上がっていこうという意識はない。

「責任ある仕事になって、でも休まなくちゃいけなくて、いろんな人に申し訳ない申し訳ないって言いながらやるよりは、ある程度楽な仕事やらせてもらって。会社にはある程度感謝って言うか、そういう働き方を許してもらってありがたいなって感じですね」と、「やりがい」へのこだわりは少ない。
一方で、子どもの数の希望についてはあきらめつつある。

予F：私も夫もきょうだいいるので、きょうだいいた方がいいなと思いつつ、現実的に経済的なこととか、どうやって仕事するかって事考えると、2人以上いるときついなってい う気は。やりようないわけじゃないと思うけどちょっと厳しいかな。

予Fはここでも、希望を強く持たないことで、葛藤を回避できている。

今いるポジションを手放すコスト

心理的な葛藤を抱え続けることは、予Gや予Hのように、働き続けること自体をあきらめる方向に気持ちを傾けさせてしまう。高付加価値の仕事をすることへの意欲や競争への執着、子どもの数の希望など、予Eや予Fのように何らかの期待を減らすことが、心理的に「楽になる」方法の1つであり、その方が継続可能性は上がりそうだ。ただ、その場合、マミート

表25　予備軍グループの経路

			ジェンダー経験	志向類型	職場環境	育児資源	その他
予E	地方女子校→地方その他国公立、文系	2007広告→3年目で出産	〈意識なし〉親は「女の子だから」、しかし兄を慕う	〈マッチョ〉	〈本人と上司の工夫〉営業外の給与で営業に所属→上司が替わったら不安	〈仕事に支障のない範囲で育児〉夫、平日に朝送り	第二子妊娠中
予F	地方女子校→都内旧帝一工、文系	2006コンサル→6年目で出産	〈意識なし〉意識したことがない	〈伝統〉	〈過剰な配慮〉→時短期間が終わったら転職を検討	〈平日の育児なし〉夫、平日はほとんどなし	過剰な配慮が解消されつつある
予G	都内女子校→都内旧帝一工、文系	2007マスコミ→5年目で出産	〈抵抗〉「女の生き方」に一度振れるが、違和感	〈マッチョ〉	〈過剰な配慮〉バックオフィスへ異動の打診→別居解消の見通しが立たなければ転職を検討	〈平日の育児なし〉夫婦で別々の地方赴任で、夫が単身赴任	復帰直後第二子妊娠判明
予H	地方女子校→都内女子大、文系	2004出版→9年目で出産	〈意識なし〉意識したことがない	〈マッチョ〉	〈本人と上司の工夫〉→部署異動は不安	〈平日の育児なし〉夫、生計維持意識が強い	夫・夫の親からの「子育て重視プレッシャー」

ラックなどの許容につながり、政府の狙う「女性活用」も少子化対策も進まない。

表25で確認すると、女子校出身者が目立つ点以外は、就職前のジェンダー経験や志向類型では〈**意識なし**〉や〈**マッチョ志向**〉が多く、退職グループに近い。予備軍と退職グループの語りを比較すると、収入や正社員というポジションは、手放すにはそれなりに抵抗があり、職場環境への不満があっても、それだけでは辞めづらいことがうかがえる。

最終的に退職の決断を促すのには、前節で見たように、夫、子ども、他者の誘いなど、自分ではコントロールがかなり難しい、外的要因の「後押し」が必要であるように見える。

（3）職場のジェンダー秩序を受け入れて残る継続グループ

妊娠時に在籍していた企業で、大きな不安なくそのまま働き続ける見通しが立っているグループはどのような人たちだろうか。

先に表26で確認すると、継続グループでは、退職・予備軍に比べて、ジェンダー経験が〈**受容**〉のケースが多い。職場環境はほとんどが〈**制度・文化の浸透**〉で、夫も全体的に育児協力度合いが他に比べて高い。

ただ、「継続」している理由やその考え方はそれぞれ異なり、大きく分けて、①復帰後1年程度の展望としてはもともと転職などを考えながら、むしろ子育て期間中は同一企業での就労継続を続けた方がいいと判断しているケース、②同一企業で昇進を目指さずに継続を考えているケース、③「子どもがいる女性」としての活躍を目指すケース、に分かれていた。

制度利用のために残る

もともと転職志向のケースでは、「子育てとの両立が難しいから辞める」のではなく、むしろ「子育ての両立がしやすいから」継続しようと考える傾向がある。

続Iは、自ら「女の子らしく生きてきた」と言い、「(親に) 家庭築くってことをずっと言われてきたから、子どもは絶対ほしい、と。仕事はできなくてもいいから子どもは産みたい」と考えていた。

就職活動では、「子どもを産むときには福利厚生を重視して転職する」と、出産まで「短く太く」働くつもりで、女性の働きやすさを考えることは先延ばししたが、結果的には女性が多い企業に入社し、現在の企業で両立ができそうだと考えた。

続Iは、大学受験で志望校に行けなかったことが悔しかったこともあり、女子大に通いながら課外活動に精を出し、厳しい就職戦線を勝ち抜いている。

入社後、出産後の女性が働く姿を見ながら過ごし、育休中は自身も「長く休む＝キャリア捨てるじゃないけどマイナスなイメージ」と考えるようになり、企業内の競争に残っていく意識が生じ始める。

続ー：そのときはたぶん、自分の心にも焦りがあったのか、いかにして早く今と同じレベルに戻せるかをすごい考えていて、親にも頼りきるつもりだった。レベルを下げるなんてありえないいみたいな。

育児資源	その他
〈仕事に支障のない範囲で育児〉夫、平日朝送り	もともと転職志向。第二子出産・復帰してから転職したい
〈仕事を調整して育児〉夫が休んで病児対応することも	もともと転職志向。第二子出産・復帰してから転職したい
〈平日の育児なし〉	第二子出産し育児が一段落後、キャリアアップのため育児を生かした転職
〈平日の育児なし〉	昇進意欲はもともとないので、時短を使いながら働く
〈仕事に支障のない範囲で育児〉夫、平日朝送り	内勤だが、やりたい仕事で上がっていける
〈仕事に支障のない範囲で育児〉夫、出張時など対応。シッターも	海外出張もこなす伝統的スーパーウーマン
〈仕事を調整して育児→平日なし〉半々に分担していた夫が転勤で単身赴任	営業に戻りたいとアピール、復帰後半年して営業に

表26　継続グループの経路

			ジェンダー経験	志向類型	職場環境
続I	都内女子校→都内女子大、文系	2007人材→4年目で出産	〈受容〉女の子だからと言われ過ごしてきた	〈伝統〉	〈制度・文化の浸透〉「級」で評価
続J	地方共学→都内旧帝一工、文系	2005IT→人材→6年目で出産	〈意識なし〉意識したことがない	〈対等〉	〈制度・文化の浸透〉在宅勤務もあり
続K	地方共学→都内早慶、文系	2003IT→2年目で出産→コンサル	〈抵抗のち受容〉「女らしさ」を隠すことに疑問	〈WLB〉	〈制度・文化の浸透〉週4日勤務にする制度あり
続L	地方共学→都内女子大→同大学院、理系	2008通信→4年目で出産	〈受容〉女の子らしく過ごしてきた	〈伝統〉	〈制度・文化の浸透〉4時間からの時短、10歳まで取得可能
続M	地方共学→都内早慶、文系	2005外資メーカー→3年目で出産	〈抵抗のち受容〉男まさりに育ててきた母親に反発	〈伝統〉	〈制度・文化の浸透〉フレックスなど
続N	都内女子校→都内旧帝一工、文系	2007商社→3年目で出産	〈抵抗〉結婚後「女を使えばいい」	〈マッチョ〉	〈上司と本人の工夫〉留学に行きたいとアピール
続O	都内女子校→都内女子大→同大学院、文系	2007広告→5年目で出産	〈抵抗のち受容〉女らしさとは距離を取っていた時期も	〈WLB〉	〈制度・文化の浸透〉

しかし、保育園に入れずに2年近く休み、復帰してからは、徐々に意識が変化していく。仕事内容は妊娠前と変わらないが、社外とのやりとりが多く、早く帰ることで申し訳なさは残る。ワーキングマザーが多い職場ゆえに、ベビーシッターをフル活用するのがあたりまえという雰囲気には、「親が小さいころ家にいてくれたのがすごく良かったと思うから、私もそうしてあげたいと思うことはある」と疑問を感じる。

続Iの次の発言は、予備軍の予Gや予Hとも共通する「育休世代のジレンマ」を端的に言い表している。

続I：何時まででも働ける人と同じように競争して評価されるまで頑張るのは、すごくきつい。子どもを産んで、貢献していたい、社会とか組織に貢献している実感がほしいという気持ちが強くなった。でも、積極的に提案していこうと手を挙げれば、自分の首をしめることになる。だけど、それをしていかないと、貢献してる、という感じにならない。手を挙げることをしないで、淡々と代わりがきく仕事をやっていると、やりがいが分からなくなって、今、子どもを朝の7時半から19時半まで12時間預けてるんだけど、どうしてこんな思いまでして働いてるんだろう、と思う。

ここでは、5章でも触れたように、競争社会へのコミットメントと本人のやりがいが連動しており、競争上不利になることが、回り回って働く意味そのものへの疑問につながる様子が語られている。

しかし、比較的働きやすい会社であるがゆえに、辞めることのコストは高い。子どもについては第2子を産みたいと考えており、もともと離職率の高い企業で、「若い人の給料も高いから、おいしいところだけもらってサヨナラしようかなって」と転職を考えていたが、第2子を産んで育休を取得するまでは、割り切って継続しようと決めている。

続Ｉ：現実的になってはきていて、もう1人どこかでほしいって思うけど、この環境捨てることになるって思うとすれば今できなくて。育休でお金もらえるってすごく大事。だって好きなことできるし。そう思うと、文句ばっかりも言ってられなくて、この会社でいかにうまくやっていくかってなってしまって。

2章から、本調査対象者の育った時代背景としての「自己実現プレッシャー」について説明してきたが、続Ｉには、ただ「現実的」に経済的に収入を得ることや、「この会社でいかにうまくやっていくか」というふるまいに対する否定的な規範意識がある。

続Ｉは、継続グループの中で一番予備軍グループに近い面があり、職場で「企業で働く者は高い成長意欲を持ち、価値を発揮し続けるべき」という企業論理が強いこともあり、心理的には葛藤をしながらも、割り切って継続を決めている面がある。

産みやすい大企業は次へのステップ

一方、続Ｊは、「男も女もなく」育ち、志向類型で唯一の〈**対等志向**〉だ。転職後に妊娠が判明したときに在籍していた企業はたまたま女性比率が高く、上司の理解も在宅勤務制度なども整っており、「時短でも活躍できる状況」を作ることができた。

もともとＩＴ系で転職を繰り返しながら成長していこうという考えだった続Ｊだが、「子育ては大企業の方が楽ちんなんだってことに気づいたので、もうしばらくここにいよう、って」と、子育てを理由に、今の企業での当面の継続を決めている。

上司にも「そろそろほしいですっていう話を」しており、「〔第２子を産んで、復帰後に〕ある程度、残業なしでも普通の人と同じくらいの成果が出るくらいまでいて」から転職を考えるという。「でないと、売りにくいですからね。自分を転職先に」と明るい。

続Kは共働きの母親をモデルとしており、大学時代に「女性だからこそできることたくさんあるんじゃないかなと思って」女性として子どもを産むことを前提で企業選択をしている。夫を家事育児に参加させることには非常に苦戦しながらも、復帰してしばらく働き、第2子を出産したのちに「両立は問題なかったんですけれども」、母親となったことや育児経験を強みにできるような、企業の両立支援を推進する企業への転職を果たしている。

続I、続Jは、ともに離職率の高い企業に在籍しており、もともと転職志向である。同一企業に在籍し続けることについて、子どもを産んで制度を利用し、次のステップに進むためと割り切っている。また続Kは第2子の出産後、すでに転職を果たしている。

制度・文化の浸透や風土がある企業で、「子育てとの両立が難しいから辞める」のではなく、むしろ「子育ての両立がしやすいから」制度を使うために残る人がいることは、企業にとっては不本意かもしれない。しかし、現実的に、仕事も子育ても充実させるには、「賢い」選択であり、様々な制度で企業への貢献を確保できれば、企業側にとっても損にはならないはずだ。

管理職にはなりたくない

一方、転職志向ではないケースでは、同一企業で継続するキャリアパスを描いているが、昇進に対する考え方がもともと限定的だったり、特定の部署での昇進でいいとする発言が見られたりした。

続Mは、もともと「女性らしさ」を抑えて育てようとする母の方針に大学時代から反発し始め、企業選びでは「やりがいのある小規模なコンサル会社」よりも「産後に復帰しやすいこと」などを重視して、現在の企業を選んでいる。

結局、妊娠前にいた営業の部署では子育てはできなかったが、自ら内勤に移り、「内勤の方が仕事がゆるい」と社内で低く見られていることは認識しながらも、「今の仕事、すごく好きなんです」と話す。上司も女性で、「彼女がやってきたところを引き継ぎたいというのがあります。今この仕事をしてステップアップしていきたい」と展望を描くことができている。ただ、管理職まで上がっていくことについては次のように述べる。

続M：〔社内に女性管理職は〕いますね。女性管理職ってなると、私の知っている限りではワーキングマザーの管理職っていうのはそこまでいないかもしれないですね。〔ほとん

どが〕子ども産まない、あるいは結婚しないで管理職になっている方。そこは自分で選択して〔管理職には〕ならないっていうワーキングマザーの方が多いと思いますね。私もなりたくないですけど。要求もそれだけ大きくなりますし、見なくちゃならない範囲も大きくなるので、そこまではいいかなと思っちゃいますね。〔特に〕営業部長で女性ってなると、やっぱり独身かDINKSの方だと思います。実際無理ですね。朝8時からとか夜9時から会議なんで、普通に。無理です。〔調査者：子育ては祖父母に任せてという手段は？〕執行役員でそういう人いますね。寮に入れたとか。レアケースだと思います。

「夫が求めるなら専業主婦になってもいい」という発言もあり、仕事への執着は強くないが、働きやすい職場で、ある程度までは先が見えており、本人の現状に対する満足度は高い。

育児も楽しみたい

一方、続Lは「いい結婚」を勧める専業主婦の母親のことを「家にいてくれてよかった」と肯定的に捉えていたことや、インターンシップで「やりがいがある会社」で女性が辞めていくのを見たことなどから、女性の働きやすさを重視して企業選択をする。

「妊娠する前も、あまり管理職になりたいって気持ちはない……中間管理職って板挟みで大変そう」で、復帰後に「今、子どもと接する時間も確保していきたいと思ってるから、時短でいこうって」4時間勤務を選んでいる。

人事部とは「それを〔4時間勤務から勤務時間を〕伸ばしていった方が、キャリアとしては、スピード戻していけるよ、でもまぁそのへんは旦那さんとも相談しながらね、みたいな」話をしているが、自身は昇進が遅れることについて次のように述べる。

続L：そりゃそうだろうなって。4時間勤務じゃどうしても〔仕事量は〕減るから。今フル〔タイム〕だったら生活がすさんじゃう。楽をさせていただいていて、働かせてもらってるだけでありがたい。給料はすごく下がったけどね。半分くらいになった。

復帰後半年して、勤務は5時間に延ばした。ただ、時短制度は、子どもが10歳になるまで利用可能で、「保育園預けても子どもは成長してくれるから、自己満足なんだろうなってのは分かってて。育児も楽しみたいって気持ちがあるから。自分が満足するまでかな」とフルタイムに切り替える目途は立てていない。

この2ケースは〈伝統志向〉で、最初から女性の働きやすさを重視しており、競争意識はあまりないゆえに、両立による心理的葛藤もあまりないように見える。継続するという観点からは何の問題もない働きやすそうな企業だが、2ケースとも「管理職は女性がほとんどいない」「管理職女性はほとんど独身かＤＩＮＫＳ」であり、子どものいる女性管理職を育てるには、企業側は課題を抱えることになりそうだ。

後輩女性のロールモデルになりたい

明確に同一企業で就労継続をしながら活躍することを目指すケースもある。

続Ｎは、大学時代に女性がサポート役にまわることに疑問を感じ、男まさりで就職する。しかし、就職した職場は、大学の専門を生かせる部署で女性が多いことや、他の部署への異動がないことなどが理由で、ワーキングマザーが珍しくない部署ではあった。また自身が留学を目指しており、結婚に先行して妊娠したときにも、留学に対する夫の支援を取り付けた。

続N：切迫流産・切迫早産でちょっと入院していたので、半年よりも事実上多く休んでいて、なので私の中でキャリアの遅れは1年遅れまでと思っていて。遅れるとしたら、留学

に行くのは同期よりも1年遅れにとどめたい、そうでなければ次の子どもを産むタイミングだってあるし……と思っていた。「私は20××年の社内留学候補選定に申し込んで、その翌年には行きたいんです」と出産後に直属の上司に宣言し、「だからそれに向けて仕事を振って教育してください」とお願いした。その点、上司はフルサポートで、容赦《ようしゃ》なくやってくれた。

ベビーシッターも使い、「私チームの中でも一番多く出張に行っていたので。でもできる限り早く帰ってこられるように、ブラジルとか、1泊5日とかで帰ってきて」と、スーパーウーマン的な両立をこなし、無事に留学の切符も手に入れている。

学生時代から**〈マッチョ志向〉**には変化がないが、出産後にジェンダー経験は**〈抵抗のち受容〉**に変化したような発言が見られる。

続N：旦那に「女で損してる部分あるんだから使えるところあるなら使いなよ」って言われて、そりゃそうだ！　って思って。女使って仕事してるとか言われると面倒だけど、みんな男使って仕事してるんだから、女使って仕事してもいいじゃんって思ったときに、すごく楽になった。それまで無駄に笑顔ふりまいてとかすっごい抵抗があった。おじさんとかに対して。でも別に笑顔ふりまいて仕事できるんだったら、やりやすくなるんだったらそれでいいじゃん、だってその分女で損してるんだから、正当な評価得るのに時間かかるんだから。

その上で、「次に道を切り開くのが私の１つの目標。やっぱりうちの会社、なかなか若いときに産んでいるロールモデルがいない中で、それでも留学勝ち取れたよっていうのは、たぶん後輩にとっても良い道標になるかなと思って頑張った」という。

「子どもを産んだ女性」へのレッテルをくつがえしたい

同じように競争意識を強く残す続Ｏは、「時短申請してると、結局やれる仕事限られて、裁量がある仕事全然できなくて。ある程度、かけた時間に成果物比例するじゃない。そうすると、大した仕事できなくて自分が嫌なんだよね」と、復帰後早々にフルタイムに変更する。「子どもには悪いけど外できっちり仕事してる方が自分に向いてる」と、夫の転勤が決まっても辞めるつもりはない。続Ｏは、仕事との兼ね合いも見計らって計画的に妊娠しており、転勤までは夫の育児参加にも成功していたが、復帰後の仕事については次のように話す。

続O：やっぱり仕事に割ける時間が、子どもの面倒を見なくていい人に比べたら少ない。だからその分、成果として出せるものに差が出てしまって、評価・昇進に影響が出るのは仕方ない。悔しいけれど、競争で勝てないなと思う部分はある。

続Oは、この後、営業部門への復帰を希望し、育休から復職後半年で実現した。「そこまで責任が大きくない」担当で、接待も少ないため、基本的には定時で帰りながら仕事をこなしている。責任が重い分野は担当できない面はあるものの、上司は「修羅場を経験することが必要」と、続Oにとって「成長機会となるような仕事を振ってくれる」という。

ここでは、仮にその仕事がこなせなかった場合に自己責任となるような形で仕事が「無視・無関心」に与えられていたり、自ら手を挙げることでようやく任せてもらえたりしているのではなく、組織の中で妊娠前と同じように育てていく意識が上司にあることが分かる。

また続Oは、繁閑《はんかん》によっては残業が発生することもあるが、夫が同居時は夫と交代で、夫の単身赴任後は時に実母の支援も受けてこなし、「やっぱり残業してると、残ってる人同士でコミュニケーションもあるんだよね。『お前この時間大丈夫なの』って声かけてもらったり」と、時には長時間労働をする効用も認める。

ただ、急な残業への対応ができるかどうかは育児資源に大きく依存するため、ワーキングマザーをひとくくりに仕事量を決めることには続O自身、反対である。復帰後のやりがいは、時間制約のない社員と同じ競争に勝ち残っていくことではない。

続O：子どもを育てながら働いている女性社員、っていう、うち〔の企業〕では少数派社員にくくられてから、かえって、自分がめげてあきらめることで、これから子ども産んで仕事する女性社員に対して「またダメなんじゃないの？」って、周りの男性社員に思われるような真似はしたくないっていうのが1つのモチベーションになった。

続Nと続Oの2人は、上野千鶴子（1985）が、「いつの時代にも『人口の数パーセントはいる』が『万人のモデルにはならない』」とする「主婦としての役割をこなした上で、なおかつ、男顔負けの仕事をこなすスーパーウーマン」に近い。

自身がスーパーウーマンとなると、「自分の能力と努力のレベルを標準にものを考えるから、自分なみに力もがんばりもないふつうの女たちに対して厳しい」(上野1985)という面が出てきそうだが、ここでは共通して「後輩女性にとって」という視点が語られている。

この2人は女であることを引き受けた上で「子育て中の女性」に向けられるレッテルをはがすかのように働き、競争にも残ろうとしている。子育て中女性であることを生かせる転職をした続Kも含め、「子どもを産んだ女であること」そのものをやりがいに転嫁させる働き方は、「やりがい」と子育てのジレンマに引き裂かれないようにする1つの解の出し方ではある。

8章　なぜ「女性活用」は失敗するのか？

（1）「男なみ発想」の学生が「女ゆえ」に退職するパラドクス

前章までで、男性と同等以上に競争し、仕事へのやる気に溢れていたバリキャリ女性が辞めていく反面、ある程度自身が女性であることを意識し、いずれかの時点で意欲を調整できた女性の方が、仕事を続ける見通しが立っている――というコントラストが、浮かび上がってきた。

本書の問いの1つ目は、「ジェンダーの社会化過程で意欲（アスピレーション）の冷却を経験しなかった女性が、就労継続を志向して就職をしたのち、結婚・出産し、退職せざるを得ないのはなぜなのか」だった。

この問いに対する答えを先取りすれば、「ジェンダーの社会化過程で意欲（アスピレーション）の冷却を経験しなかった女性は、男女平等に見える教育課程で男性中心主義的な競争への意欲を掻《か》き立てられることで、継続するための環境や資源を積極的に選択できず、退職を迫られるから」である。

単純化すれば、「継続できるような環境を自ら選択していない」ということになるが、本章ではその選択の背景として、女性であることでこうむる不利益を予測しにくかったり、女性であることで特別な選択をすることを嫌悪せざるを得なかったりする社会構造を指摘したい。問いの2つ目は「仕事を継続していても、出産後に意欲が冷却しているようにみなされがちなのはなぜなのか」だった。

就労継続している女性は、女性であることを意識した上で育児をしやすい環境や資源を獲得していたり、高付加価値の仕事に対する自らの意欲を引き下げることで心理的葛藤を減らすことに成功したりした結果として、継続しているケースが多い。これが企業内に残る女性の意欲が低いとみなされる一因と考えられる。

この2つの現象が起き、「女性活用が失敗する（女性が活躍しにくい）」背景と、その問題点を、これまでの発見と分析に基づいて、以下で詳細に検証する。

「逆転したジェンダーの社会化」

本調査の対象者たちの中には、就職活動前に、女性をサポート役や性的客体とするようなジェンダー秩序を意識してこなかったり抵抗してきたりして、男性と同等の競争意識を持っていた女性たちがいた。彼女たちをここで「男なみ発想」の女性と呼ぼう。

「男なみ発想」の女性たちは、吉原惠子（1995）の観点（「女」カテゴリーとの距離をどのようにとるのか、また社会規範としての女性らしさの価値を自明視するかどうかが、職業選択における女性内分化の要因だとする観点）に照らせば、「社会規範としての女性らしさの価値を自明視しておらず、『女』カテゴリーと距離をとっている」、すなわちジェンダーの社会化が働いていない女子学生ということになる。

彼女たちは就職活動において、吉原惠子（1995）が専業主婦型に向かうほど強いとする「女性（男性）に合った仕事をしたい」という意識や、中西祐子（1993）が良妻賢母の養成校で選択されやすいとする「女性向き職種、キャリアと結びつかない『行きづまり職（dead-end jobs）』」への方向づけを拒否するような姿勢を示す。その意味で、就職時点の行動は先行研究と整合的である。先行研究によれば、彼女たちはキャリアを追求し、行きづまりにはならない仕事を選択していく事例となるはずである。

しかし、ここでの「男なみ発想」の女性の発言は、「ジェンダー化されていない」ものの見方というよりは、ジェンダー化された他の女性への嫌悪や非難という感情的な反応である。

上野千鶴子（2010）は、男社会で客体化・他者化された女に対する蔑視《べっし》や嫌悪（ミソジニー）について、「女がミソジニーを自己嫌悪として経験しないですむ方法がある。自分を女の『例外』として扱い、自分以外の女を『他者化』することでミソジニーを転嫁することである」とし、その「例外戦略」の1つを、「特権的エリート女、男から『名誉男性』として扱われる『できる女』になる戦略」だとする。

これをあてはめると、「女性の働きやすさ」を嫌悪したり無視したりする女性たちは、「社会規範としての女性らしさの価値を自明視していない」というよりは、むしろ積極的に女性らしさを切り捨てることで、男性が圧倒的に多い世界での競争や、「女らしい女性」が損をする社会を生き延びようとしてきたと捉えられる。

特に就職活動はすなわち企業社会への入り口である。男社会であり家父長制的な企業に認められて内定を得るということを目的とすれば、男社会への同調はその意味のみにおいては「正しい」選択である。

この例外戦略は、「戦略」として意識的に選ばれているというよりは、男性中心主義的な企業論理の内面化によるものだ。ここでは「女性性」の否定により「名誉男性（例外女性）」を目指す「**逆転したジェンダーの社会化**」が生じているとも言えるだろう。

こうして「女性の働きやすさ」を否定したり重視することができなかったりして、「男なみ発想」で企業を選ぶ女子学生たちは、3章で見たとおり、始めから厳しい条件が分かっているような働き方に突入していく。

時代の産物

ここで見られた「やりたいこと」を重視する姿勢や、働く上で「甘え」を許さないハードワークへの嗜好《しこう》は、「個人の選択で結果は自己責任」であり、フェミニストからは企業中心社会への過剰な同調と加担と批判されるかもしれない。

しかし、2章で触れたように、「育休世代」が「やりたい仕事」「自分の成長のために」といった自己実現プレッシャーに晒《さら》されてきた背景も無視できない。

調査対象者たちは、本田由紀(2007b)が、「たとえば、『仕事にやりがいをもって打ち込むこと』が美徳とされるために、見合った処遇をともなわないままに、際限なく『働きすぎ』る状態が生まれる」と指摘する世代と重なることは決して偶然ではない。

上野千鶴子(2005)は、「男女共同参画」の人口比に見合った女性比率の達成について、「現在の社会のしくみをそのまま現状肯定した上で」の目標にすぎず、男性中心主義的な社会そのものを変えるものにはならないと指摘する。

このような「男女共同参画」を背景に、「逆転したジェンダーの社会化」を内面化したただけではなく、仕事や競争へと煽《あお》るネオリベラリズム的な時代の風を受けた育休世代の「男なみ発想」の女性は、仕事を通じた自己実現と働きながら子どもを産み育てるという2つのプレッシャーの要請にこたえ続けた優等生であり、時代の産物ではなかったか。

このようにして、「女性の働きやすさ」を軽視し、ハードワークを是とする企業に就職した「男なみ発想」の女性の多くが、子どもを産んだ後も働き続けている女性のロールモデルや前例がきわめて少ない職場環境に入り、入社後も産後のイメージが湧かないまま、自身の妊娠を迎えることになる。

実際に妊娠・出産をすると、上司や周囲は前例が少ないため扱いに戸惑い、たまたま環境に恵まれていれば就労継続ができるものの、退職に追い込まれたり、環境が変化すれば退職しなくてはいけないと感じたりするという、一種「自縄自縛《じじようじばく》」とも言える帰結に陥っていく。

ここには、「男なみ発想」で就職活動をしたにもかかわらず、それゆえに、従来女性がたどりやすいとされた「女ゆえ」の出産後退職をしてしまうパラドクスが存在する。

「女性向き」の仕事を選ぶことが解なのか

そして、これとは対照的に、就職活動の前の時点で「髪の毛振り乱して仕事をしたくない」など、「女性＝サポート役、性的客体」といったジェンダー秩序を何らかの形で受け入れ、「女性の働きやすさ」を重視して就職した「非男なみ発想」の事例では、その意図のとおりに、妊娠・復帰後も大きなギャップを感じることなく、継続する見通しを持つことができている。

このような女性たちは、総合職で就労継続を希望しているという点で、従来の女性内分化研究が主たる対象としてきた専業主婦志望や「腰掛け」的キャリアを選ぶ女性とは異なるものの、企業を選ぶ上では、先の吉原惠子（1995）や中西祐子（1993）の先行研究でいう「女」カテゴリーとの距離が近い存在ということになる。

しかし、「女性向き」の職業選択をするといっても、①結婚や出産で辞めるような「行きづまり職」を選ぶことと、②産休の取りやすさや女性比率を、「続けるために」重視することの2つは大きく異なる。

少子化や高齢化を受けて女性活用が謳《うた》われ始め、ワーク・ライフ・バランスを重視する企業が出てきたという時代の変化もあり、中西祐子（1993）の結論を逆説的に変換すれば、「女性向き」だからこそ、長期的に続けられる可能性のある仕事が出てきていると言えるのだ。

ただしここで、「非男なみ発想」女性で「女性の働きやすい」職場を選び、就労継続ができているケースで問題がないわけではない。就労継続ができている女性たちの中にも、第2

子出産のタイミングや仕事のやりがいとの兼ね合い、上司や部署がかわった場合の不安に、日々揺れながら過ごしている人たちがいる。出産後はマミートラックや女性の「指定席」的な部署・ポジションで過ごし、利用できるものだけ利用して出て行こうとするなど、当初の意欲を下方修正しているケースも多かった。

もちろん、「指定席」的な部署でも本人がやりがいを感じていたり、必ずしも社内で低く見られることなく昇進ができたりすれば、問題は少ないように見える。しかし、現状で管理職になっている女性がきわめて少なく、いたとしてもほとんど子どもがいないケースであることを踏まえると、たとえ本人が希望したり納得したりしていても、それが「女性活用」の足かせになっている可能性がある。

「男女平等」は幻想だった

出産後の就労継続を志向しながらも、職場環境や育児資源を十分に整えてこなかったことは、本人の情報収集不足や戦略ミスであり、したがってその帰結は自己責任なのだろうか。ジェンダー秩序をはねのけて、ハードワークの企業に入って継続しようと考える以上、企業に人生を捧げる覚悟が必要だったのだろうか。ある程度、職場環境や育児資源を選べる環境にありながら、なぜ彼女たちはあえて厳しい状況に入っていき、葛藤を抱えることになったのか。

背景には、

① 教育段階での「男女平等」と、

② 実際にケア責任が発生した場合に、その責任を負うことへの期待とそれによって抱える困難が、極端に女性に偏っている社会の実態

この2つの間の大きな乖離《かいり》があると考えられる。調査対象者からは以下のような発言が出ている。

退A：高校とかも、女子だからとか男子だからって世界があるってのが分からなかったですね。会社に入って女子扱いされて衝撃的。なんでこのおじさんたち、こんなに腫れ物にさわるようにって思いました。作業服で現場でやるからそういうのもあるからなのかなぁと。でもそういうのって、メディアとかでもう言われてるから、まだ残ってるのってびっくりして。

退D：やっぱり今の学校教育って、高校教育から、男女平等に扱うじゃない、女子でも女

子大行けとかじゃなくて優秀なら東大、東工大行けみたいな。その後もそうじゃない。でも誰も、女性は出産適齢期があるとか、子どもがほしいなら何歳までに産まないととか、産んだ先のこととか、そういうことは教えてくれない。本当のことは自分が社会に出て出産してから気付くわけじゃん。

予G：職場では身体的な不均衡は乗り越えられないと思うけど。私もどうすればいいか分かんないけど。現実的に男女平等っての無理だなって。なんかやっぱり、これだから女性社員は困るんだよ、みたいなこと直接間接的に言われたんだよね。……言い返したいんだけど、理論立てて言えないっていうか、そう言ってしまう側の気持ちも分かるので。……これまで大学生活とかで、「女は女は」って言われたことなくない？　今までの環境恵まれてたのかな。

2章で触れたように、教育段階で、学校に忍び込むジェンダー秩序は、「かくれたカリキュラム」などの指摘により、1990年代以降、改善しつつあると考えられる。実際に、本調査対象者の発言を見ても、大学などのサークルでのジェンダー秩序は残るものの、高校までの段階ではあまり男女差を感じてこなかったとするケースが多い。

しかし、教育に潜《ひそ》む問題を取り上げてきた研究者や教育関係者たちは、教育課程を終えた女性たちが入っていく社会のジェンダー秩序に対してまでアプローチできたわけではない。井上輝子は『性役割』（2009）の冒頭で、「性役割規範のめまぐるしい変動期に生きる女性たちにとって、人生設計は容易ではない。学校で学んだ男女平等理念と職場での性差別や性役割期待とが大きく違ったり、結婚によって、すでに廃止されたはずのイエ制度の慣習に直面させられたり、出産したとたんに母役割を中核とする生活を迫られ、職業人としての役割期待が後景に退けられたり……」と、学校までの平等と、社会に出た後、とりわけ結婚や出産で直面する現実にギャップがあり、役割葛藤に直面せざるを得ない状況に触れている。

「男に合わせる」男女平等

男性中心主義的な社会で、女性が「平等」を目指すときに直面するジレンマは、「ウルストンクラーフトのジレンマ」と呼ばれる。

女性を男性と「同じ」存在と見なすと、現実に女性が家族や親密圏などの「私的領域」との関係において、男性とは「異なる」状況に置かれていることを等閑視して、形式的な「平等」を求めることになる。しかし、その結果は「公的領域」における女性の低評価に帰結せざるを得ない。他方で、女性が私的領域に関わる諸属性——たとえば「母性」において、男性と「異なる」ことを強調すると、「異なる」のだから公的領域において男性と女性を等しく扱うことはできない、という結論に至ってしまう——というジレンマだ。

田村哲樹（2011）は、エヴァ・フェダー・キテイの議論を紹介しながら「この問いに対する近年のフェミニズムの1つの回答は、「差異」としてのケア／依存関係を組み込んだシティズンシップ」であるが、一方で、依存労働の普遍的な補償／保障が、既存の性別分業を固定化してしまう可能性があるとし、ケア／依存労働を、より「普遍化」する、つまり男性をもケア提供者にしていくことの必要性を論じる。

この結論については、ナンシー・フレイザー（1997=2003）の整理が広く知られている。フレイザーは、女性も市民労働者にする方法に「総稼ぎ手モデル」があるとする。これは、女性が男性に匹敵する条件で働けるよう、賃金無給の責務から女性を解放することを目指し、伝統的に女性を不利にしてきた制度の中で、女性を男性と同等に引き上げることを図るものだ。

しかしフレイザーは、このモデルについて、女性が平等に余暇を取る機会が減る、男性の伝統的な領域を安定させるだけでケアワークそのものに社会的価値が付与されない、などの問題点があるとする。

非公式なケアワークを支援することによる「ケア提供者対等モデル」もまた、男女の平等な収入には結びつかず、雇用においては女性を周辺化するという問題が残る。

そこでフレイザーは、男性に対し、現状の多くの女性のあり方に近づくような「総ケア提供者モデル」を提唱している。つまり、理論的には男を「女なみ」にすることが、1つの「解」として提示されつつあるのだ。

ところが、女性の意欲冷却を避けてきたカッコ付き男女平等教育の成果物のような「男なみ発想」の発言を見る限り、教育システムや就職活動といった社会の体制は、このジレンマの解決策を見いだす前に、形式的な平等を優先し、女性を男性と「同じ」存在にみなすことを目標としてきたように見える。

教育に埋め込まれた「男なみ」

理想は、社会が男女平等であり、教育課程でも男だから・女だからと方向づけられることなく、自由に仕事を選べる世界だろう。しかし、実際には、ケアを始め多くの女性が担ってきた労働は、無償だったり低賃金だったりして、男性が圧倒的多数の企業社会で、正社員として働くことの方が、収入も高く、あらゆる保障も受けられる。

だからこそ、教育過程では、教師も親も、そして研究者たちも、第一に学業達成や社会的地位の達成、就労を継続することに価値を置き、そこから「降りる」ことを問題視し、教育は「降りる」ことのないよう女性をたきつけざるを得なかったのではないか。

ここで、教育システムは、現実の社会の不平等を反映し、ケア労働の価値を正当に評価することよりも、ケア労働に就かせないことを目指してきたように見える。社会がケア労働を正当に評価するようになっても、女性ばかりが一定の職に方向づけられることの問題は残るかもしれない。しかし、純粋に方向づけの問題を扱いたいのであれば、これまで、男性が一定の職に方向づけられること、たとえばケア職や専業主夫を目指す男性が少なすぎることは、女性の方向づけの問題より問題視されてこなかったのはなぜか。

つまり、社会は「女性と男性を同じ存在にみなす」ではなく「女性【を】男性【と】同じ存在にみなす」ことを目指し、女性に対しては、男性と同等に学業や地位達成を果たすという意味での「男なみ」を求めてきたのではないか。

一方で、男女平等が謳われた教育課程では、企業社会の中で女性が直面する私的領域での役割との葛藤と、それに伴う不平等な処遇については、良く言えば感じる必要がなく、悪く言えば覆い隠されてきた面がある。

教師や親は、「女性が働こうと思っても現実は厳しいから、参入しない方がいいよ」と意欲（アスピレーション）の「冷却」を推奨するわけにはいかず、ここではむしろ理想主義的に、平等に競争させる理念を実現させてきた。女性たちがそうしてたきつけられ、「降りる」ことをしなかったところで、参入した先は、フェミニズムが「最初から負け戦になる」としている条件でしかなかったとしても、だ。

そこで勝てるのは、男性的条件で参入できる女性だけ、特権階級の名誉男性だけだとすれば、結果的に、理想主義的に平等な競争をさせてきた社会は、ここでも、女性たちを「男なみ」に育てようとしてきたことになる。

教育段階での男女平等は進展してきたように見える。しかし、この社会に潜む競争原理や序列化が、そもそも男性中心主義的であることや、ケア責任や家庭領域といった、女性が担ってきた役割を軽視しがちであることに対して、現在の日本の教育システムは、批判者となるどころか、共犯者であったのではないか。

ここで目指されていた「男なみ」は、ただ単に性（sex）としての「男」を意味するのではなく、圧倒的にケア責任が女性に偏ってきたジェンダー秩序の歴史と現状を反映し、「ケア責任を抱えない男」との競争という意味合いを含んでいる。

こうして、「逆転したジェンダーの社会化」が内面化された女性たちが、その不平等のあり方に気付くのは、多くの場合、出産・育児によってまさにそのケア責任を期待され、負うようになってからである。

（2）企業に残る「非男なみ」女性と、構造強化の構造

本調査で明らかになったのは、就職前にジェンダーの社会化を免れたように見えた女性が、「逆転したジェンダーの社会化」によって、男女差別のある社会で適応戦略を取りそこね、その結果、結局出産後にジェンダー秩序に従うような行動（退職）を迫られる様子である。

ここでは、ジェンダー秩序に巻き込まれる時点の違いにより、「意識」と「行動」の逆転が起こっている。つまり、意識の上で、女性の「指定席」ではプライドが許さない、もっと男性や子どもを産んでいない女性と同等に戦っていきたいと思う人ほど、指定席に押し込められるくらいなら、いっそ競争から降りてしまえ、と従来女性がたどりがちだった「退出」を選びやすい。

逆に「制度を使える間は在籍するつもり」「マミートラック的な部署でもいい」など、ジ

ェンダー秩序に従ったり、利用しようとしたりと、もともと競争意識があまりないか、競争意識を持たないように意識を切り替えているケースの方が、企業に残りやすい。

この構造による女性の退出は、企業内の女性の絶対数を減らすばかりでなく、企業に残る女性を、出産していないか育児を全面的に外注するなどしてケア責任を負っていない「男なみ」女性か、ジェンダー秩序をある程度受け入れ昇進意欲を持たない女性のどちらかに二分することにつながる。この二分化は、様々な弊害をもたらすだろう。

ジェンダー秩序強化の構造

まず、いわば男性論理に従うことができるケア責任のない女性のみが昇進し、そうでない女性は二級労働者扱いをされ、本人たちもそれに合わせた意欲の調整を行う。

女性登用の意義の1つを、「標準化された男性労働者」にはない発想や視点を持ち込むことであるとすれば、本来ケア責任を持つ男女の登用が有用に見える。この観点からすれば、ケア責任を抱えない女性の昇進は、男性中心的な組織の論理に大きな変化を与えないだろう。

他方で、ジェンダー秩序を一定程度受け入れて、割り切った態度を取る女性の行動も、企業の女性活用に難題を持ち込む。本調査では、インタビューをする中で、「少しでも会社に迷惑をかけないように」「1年も休むなんてありえない」と考えていた調査対象者が、企業での将来展望を描けず、次第に「どうせ辞めるしかないから、2人目も続けて産んでしまう」「仕事は6割でいい」とそれぞれに変化していく様子が明らかになった。

その論理は、小笠原祐子（1998）が一般職女性の行動に見いだした、組織の中で守るべき権益がないゆえにレジスタンスに出ることができる、「構造的劣位の優位性」によるものであると考えられる。

そうして自身の立場に有利になるように行動することは、ステレオタイプ的な行動につながり、性差別を正当化する根拠になる「ジェンダーの落とし穴 gender trap」（小笠原 1998）となる可能性がある。

企業からは「女は権利の主張ばかりする」「貢献もしないで制度にぶら下がっている」「迷惑をかけているのに感謝しない」という批判が噴出しやすい。そういった批判には、「権利は主張しなくても行使できるべき」「周囲が迷惑と感じる状況を生み出しているのは、マネジメント不足の問題」などの反論が可能で、本来的外れなものである可能性は高い。

しかしジェンダー秩序に従いながら残ることにした女性のふるまいが、育児中の女性への差別を助長しているのであれば、やはり女性の声は反映されにくくなり、ジェンダー秩序はここでも強化されるという皮肉な結果になる。

どうして女性同士が対立するのか

また、企業内の女性の二分化は、女性全体をまとまりにくくし、時に対立させてしまう。特に女性が少ない組織では、特定の女性の行動が目を引きやすい。

その女性の評価が高ければ、「置かれている状況が違うのに、彼女と比べないでほしい」と、その女性の評価が低ければ、「足を引っ張らないでほしい」と、女性同士はまとまることができなくなっていく。

企業が、ケア責任を抱えず、何時まででも働くことができる標準化された労働者を求める中では、いかに男性と同等の考え方ができ、標準化された労働者に近づけるかの競争が起こる。そこでは、ケア責任を抱えていることはハンディにしかならない。

そのような構造がある限り、女性たち自身が、産後いかに早く復帰できたかを意欲の指標としたり、育児資源をめぐって「あの人は親と同居だからいい」「私はベビーシッター頼んで深夜まで働いた」「外注したら両立とは呼ばない」などと犠牲にしているものの大きさや種類により、それぞれに相対的剥奪感を感じ、限りなく細分化して対立していく。

結果として、共通する問題に対処できずに女性全体の利益を組織に通すことができなかったり、対立を理由に評価されなかったりして、ここでも男性中心主義的な組織の文化は、変化の契機を失う。

女性同士が協力できる可能性

働くことと産むことをめぐる女性たちのたどるルートは、どの道を選んでもゴールがない迷路のように見える。女性が男性中心主義的な社会で働こうとしたとき、様々なタイミングで様々なジェンダー秩序による「抑圧」がかかっている。

まず従来の研究が問題にしてきたような就職段階で「最初から女ゆえの進路を選ぶ」という形での意欲（アスピレーション）の「冷却」。今回の研究で明らかになった、総合職で出産後も就労継続を志望する女性の中でも「女性の働きやすさ」を重視するという、男性には見られない形での、ときに「妥協」となる選択。「男なみ発想」で就職したものの、産んだ後に続けられなくなる「退職」……と、タイミングと種類こそ異なれ、女性たちはライフイベントを契機として女性に不利な社会に気付き、そこで生き延びるため、「女だから」という理由でジェンダー秩序に適応的な何らかの選択を迫られる。

また、本調査では扱わなかった、子どもを産むことを先延ばししたり、産まないことにしたりした女性は、「女が産むことによりデメリットが大きい社会では、産むことを選べない」という判断から、子どもを産み育てることの「あきらめ」をしていたり、子どもがいないことに対しての何らかのプレッシャーや差別を受けたりしている可能性がある。

このように捉えれば、すべての女性が、何らかの形で同じようにジェンダー秩序に巻き込まれていると言える。これを図示すると、図6のようになる。

社会で「男も女もなく」評価されたい女性は、女性というネガティブカテゴリーを引き受ける気にならず、女性の問題を取り上げることを避けたがる。せっかく自分自身が対等に競争を勝ち抜き、評価されている環境で、あえて性差を強調しては、再び不平等な扱いを受けることになるとの懸念があるためだろう。

多様な女性をひとくくりにすること、「男か女か」というくくりにこだわって、性的マイノリティの問題などを無視することには問題点もある。

しかし、男なみにふるまう女や、女を武器にする形で男社会を生き延びる女が、「女の敵は女」になってしまうのは、男性中心の既存のシステムを前提に、どちらも男からの評価を得るための競争になっているためだ。

図6　女性にかかる様々な抑圧

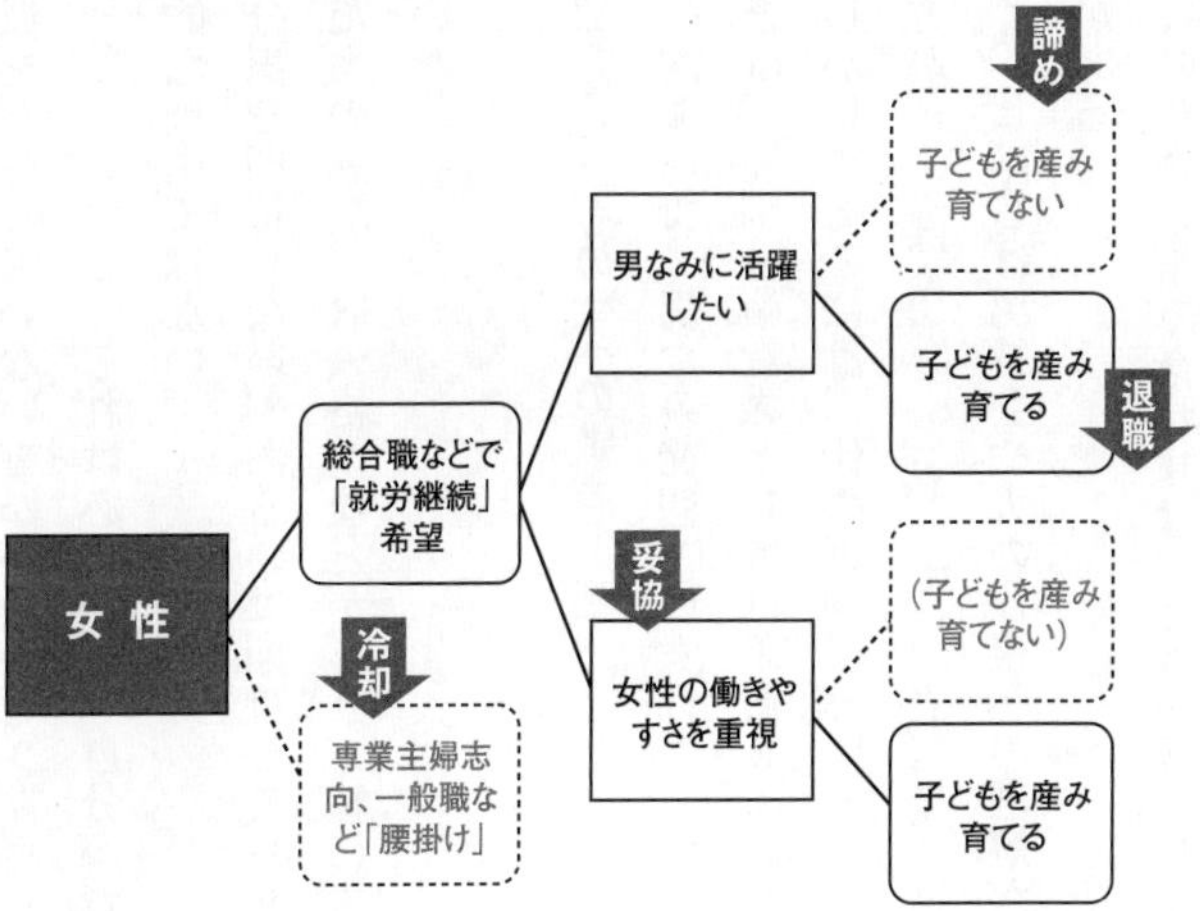

女というカテゴリーそのものへの嫌悪がある限り、自らに刃を向け、他の女性たちを敵にまわさざるを得ない彼女たちも含め、そこには残念ながら、やはり「女性の問題」があることを認識する必要がある。

(3) 夫婦関係を侵食する夫の「男なみ」

これまで見た企業内(公的領域)のジェンダー秩序強化の構造は、夫婦関係(私的領域)とも密接に関係している。多くの場合、就職が結婚や出産に先行することもあり、公的領域で「逆転したジェンダーの社会化」による「男なみ発想」は、私的領域に影響を及ぼしていく。

本調査では、夫に対しては、そもそも家事

育児を期待していない妻が多いこと、期待したからといって成功するとは限らないことが分かった。しかし、それは必ずしも「自分が育児（家事）を全面的に担いたいから」という積極的な理由ではない。

分担を期待しない、あるいは期待しても交渉に失敗する背景には、夫の職場、それを反映した夫の意識、収入格差などがあり、特に夫の働き方は夫婦の役割分担に大きく影響を与えていた。

「女々しいもの」への嫌悪

公的領域で「男なみ発想」の女性たちが、家庭という私的領域でケア責任を抱えてしまうことは、性別分業意識としては矛盾しているようにも見える。

しかし、そこには、仕事選びにおいてジェンダーの社会化を免れてきたように見える女性の方が、「女は家庭」と思っているわけではないにもかかわらず、「男は仕事」への意識が根強く、しばしば男社会や夫の仕事への理解があるがゆえに、育児資源を確保できないジレンマがある。

この意識の組み合わせは、6章で定義した志向類型では〈**マッチョ志向**〉にあたるが、

「男（夫）も女（自分）も男なみに」を求めることは、彼女たちに深刻な葛藤を引き起こす。

小倉千加子（2001）は、女性憎悪がある女性は「大変男っぽいマッチョな男性を好む傾向」にあるとする。江原由美子（2001）も言うように、本調査の「男なみ発想」の女性は、いわば自分よりもさらに仕事ができる男性と結婚しており、そもそも自分の代わりに家事育児をしてくれるような男性を結婚相手に選んでいない。

その結果、子どもを産んだ後も、夫の「男なみ」を容認し、応援せざるを得なくなる。そこに立ちはだかる障壁は、いわゆる「性別分業意識」の根強さではなく、男性の生計維持意識や男性稼ぎ主社会からの男性の抜けがたさであり、それに対する妻の理解、そして背景にある「女々しいもの」への嫌悪である。

なお、この男性稼ぎ主社会からの男性の脱けがたさについての認識は、「非男なみ発想」で「女性の働きやすさ」を重視してきた女性の中にも根強かった。

「女性の働きやすさ」を重視して自分の仕事を選ぶことは、女性にとって、公的領域で働き続ける1つの「解」とも思われるが、自分の企業が「育児しやすい」からこそ、夫の育児参加は求めない、つまり共働きで子育てをする手段として、最初から解決策を夫ではなく職場に求める女性もいる。

船橋恵子（2006）は、女性の「二重役割タイプ」の夫婦について、次のように説明する。

このタイプの母親は生涯継続する職業を持ってはいるが、しばしば家族のニーズに合わせて自分の仕事を調整している。たとえば仕事時間を短縮したり、キャリアをあきらめたり、自分自身の興味関心を後回しにする。父親の方は非常時には家庭責任を果たすが、ふだんはどちらかと言えば仕事を優先しており、長時間労働で家庭に不在のことが多く家事・育児の中心部分を妻に依存している。

こうした「女が降りればいい」という志向類型としての〈**伝統志向**〉は依然多い。皮肉なことに、妻の企業の両立支援が整えば整うほど、夫の調整の必要はなくなり、家庭内で妻が二重負担を背負いやすくなる可能性があるのだ。

職場のあり方が夫婦関係を規定してしまう

また、意識面では夫に対して、仕事を調整してでも家事育児をしてほしい、ときわめて対等な立場を求める〈**対等志向**〉〈**ＷＬＢ志向**〉ですら、実態面では子育て負担は圧倒的に女性に偏っているケースが多かった。対等意識から「いつか入れ替わってもいいと思う」という発言もあったが、子育て期間中は産休を取った妻が「降りる」ことが自然な流れとなっている。

育休から復帰後の妻の年収は、時短制度の利用や残業がなくなることなどで減少する。何時まででも働くことができる標準化された労働力が求められている中では、夫まで育休や時短制度を利用して夫婦2人とも「降りる」よりも、妻が調整した方が合理的だという判断につながりやすい。

こうして、夫の職場の論理、収入格差など、様々な社会的要因をふまえて女性側が「意欲を調整」すれば、それが「育児期間中だけ」という前提であっても、夫婦間の収入格差や任される仕事の責任の大きさの格差を広げることになる。格差が開ききった後、第2子、第3子の育児で役割を交代したり、育児が一段落してから妻が生計維持の主要な主体になったりすることは、ますます想定しづらくなっていく。

また、一度辞めてしまえば、子どもを産んだ後の正社員での再就職は今の日本では通常厳しく、性別分業には反対していた夫婦でも、結果的には妻が長期にわたり家庭に入る可能性が高くなる。

このように、私的領域には、公的領域以上に根強いジェンダー秩序が働いているように見える。しかし、それぞれのケースで、公的領域と私的領域は相互に影響しあっており、その順番は、妻の公的領域での育休取得（＝「中断」）に伴う評価の引き下げが、夫だけでも公的領域で円滑に働き続けることを優先させ、それが私的領域の役割分担に侵食した上で、妻の公的領域での意欲の調整を迫る、という循環構造になっている。

流動性に欠ける日本の労働市場で、私的領域の調整のために、夫が転職などという形で公的領域を調整する方向には動きづらく、結果的に職場の論理が大きく夫婦のあり方を規定する結果になる。その意味でやはり、公的領域の歪みが、私的領域における根強いジェンダー規範の温床となっていると言えるだろう。

「自己選択」「自己納得」で覆い隠される問題

こうした私的領域での判断は、実際は公的領域に侵食された上でのやむを得ぬ決断にもかかわらず、本人たちが「自己選択したもの」とされ、社会で問題視されることは少ない。

木村邦博（2000）は、性別分業に否定的で、就業継続を希望していた大学卒の女性たちが専業主婦になった場合、「認知的不協和」を経験し、それを低減しようとする圧力の結果として、現在の自分の就業形態を合理化する方向に性別分業意識が変化するとしている。

本調査の対象者でも、特に専業主婦になった2人からは、辞めざるを得なかった経緯を振り返り悔しがったり、専業主婦に自分は向いていないとしたりしながらも、「今は子育てを楽しんでいる」と、現在の状況を肯定的に捉えようとする姿勢が見られた。

いずれも第2子、第3子を出産する予定で、子育てを充実させており、気持ちの整理がついてきたことは望ましいことではあるものの、彼女たちの自己納得が、社会でも家庭内でも、現状を問題視する契機を失わせてしまう側面もある。

さらに、「男なみ発想」で競争させられてきた女性が、結局公的領域でジェンダー秩序に抗しきれない状況は、次世代の再生産にも影響を与える。調査対象者の中には、自らが「男なみ発想」に育ったことを否定的に捉え、娘には逆の期待、つまり女性の意欲（アスピレーション）を「冷却」させる構造に逆戻りするようなメッセージを与えそうな事例も見られた。

続N：〔私は〕男勝りに育って損した部分多いから……損してるんだよ。だってキャラとして、何をやっても「面白い」とか「元気だね」とか言われて。そのおかげで友達は増えた気がするからどっちがいいか分かんないけど。夫は〔娘を〕私みたいに育てたくないらしくて。モテる系に育てたいらしい。

続M：〔娘には〕フリフリ着せてましたね。ピンクとかお花とか。〔調査者：自分も着てみたかったからってのはありますか？〕ありります。ニュートラルに見てもその時期しか着られないので、後で着たかったって言われてもあれだし。

このような発言を見ていると、娘世代の教育は、従来型のジェンダー化された教育に巻き戻される可能性があると感じざるを得ない。

社会的地位と家庭を持つことの両方を実現した成功者のように見える女性たちは、娘たちに、「自分のようになってほしい」と思うほどには、その選択に自信を持っていないのだ。

（4）ジェンダー秩序にどう抗するか？

「男なみ」を目指すゆえに辞めてしまうパラドクス。その背景にある教育や社会の構造。「非男なみ」が残る中で発生する企業内のジェンダー秩序強化。夫の「男なみ」が優先されることによる家庭内でのジェンダー秩序強化——。どう転んでも、お先真っ暗なような現実と構造が見えてきたが、これらの問題に、どのように対処していくことができるだろうか。

ここまでの分析結果から考えられる解決策について、期待を含めて論じてみたい。

既存のジェンダー秩序を問い直す

まず、そもそも、退職や意欲冷却などによって既存の競争社会から「降りる」ことが否定的に捉えられてしまう構造そのものを問い直す意味で、既存のジェンダー秩序自体を変えるための教育や政府の役割について述べる。

社会をゼロから作り変えるのは、革命を起こさない限り難しい。ただ、人々の意識を変えていくこと、あまりにも偏ったものを是正することはできるはずだ。

◇社会を変えていける人材を作る――〈教育〉

教育はどうあるべきだろうか。「知らなかった」ために、適応戦略を取りそびれる女性を減らすべく、現実の不平等に対応したような、男女を区別した教育に戻った方がいいのだろうか。２０１３年に政府は、妊娠・出産適齢期などを記載する「女性手帳」の導入を検討した。このような形で、女性だけを教育・啓蒙する方向に舵を戻すべきなのだろうか。

木村涼子（1990=1999）は、学校教育が抱える競争主義や序列化をそのままにして、平等を求めるのではなく、「セクシズムの再生産に荷担するのではなく、セクシズムを利用した『搾取』に抵抗する主体を形成する場」へと、学校を変革することが必要だとしている。

しかし実際には、学校制度の優等生だった本調査対象者たちの中でも、ここで木村が男女問わず求める「固定的な性分業によって労働者および生活者としての権利が十分に保障されないことを不合理と認識し、それに異議申し立てする」という行動は、ほとんど見られない。

彼女たちは、多くのケースで、「自分が選んだことだから」「これで良かったと思っている」という自己納得のもと、むしろ何らかの形で既存社会に適応する行動をしているのだ。こうしてケア責任の配分は変わらないまま、形式的な平等だけが教育課程に残る。

平等であるという見せ掛けをするのでもなく、不平等な社会でどう生き延びるかを教えるのでもなく、不平等である現実を踏まえた上で、その現実をどう変えるか。

大学進学率を競う高校、就職率を競う大学に象徴されるような、既存システムを前提に社会に適応できる人材を輩出することだけが、教育の機能ではない。経済活性化だけではなく、不平等や不合理の是正のためにも、**既存の構造を疑い、新しい価値を生み出し、社会を変えていく人材を育てること**が必要である。

◇「ケア責任」を負う人を引き上げる――〈政府〉

女性が社会に出てから、主にケア責任を負ったときにこうむる現実の不平等はどうしたら是正されるだろうか。

マーサ・アルバートソン・ファインマン（2004=2009）は、「やむをえず誰かに依存しなくてはならない人のケアの責任を果たす」ことで、介護者自身が「自律」できない依存状態になることを、「二次的な依存者」と呼び、ジェンダーをめぐる問題は、男女の相互作用から、「ケアの担い手役に生じる不利益」に移りつつあるとし、次のように述べる。

少なくとも今の社会システムにおいては、平等化には痛みが伴うことだろう。もし家族がケアの負担を抱えていれば、誰かが職場で苦しむことになる。何世紀もの間、女性がその立場にあり、そうした状況は当然なこととして浸透している。ここで強調しておきたいのは、不利益をもたらすのは、ケアの担い手の性別ではなく、ケアの義務そのものだという点である。

本来「ケア責任を抱えるか抱えないか」の問題が、これまで、圧倒的に女性にケア責任が偏ってきたことで、「男か女か」の問題になっているのだ。「男なみ」が教育にも埋め込まれ、目指されてしまう背景には、男性中心主義的な社会で、女性が極端に偏ってケア責任を担ってきたことや、そのケア労働の価値が低く見られてきたという経緯がある。

抜本的な解決のためには、こうした、男性が社会的な地位を独占している社会を変えること、ケア責任の分散を図ること、ケア労働の価値を上げることが求められる。

その1つの道筋として、主にケア責任を担ってきた女性が、意思決定過程に参加する機会を増やすことは重要であろう。

日本政府は、指導的地位に占める女性の割合を2020年までに30％程度とする目標の達成に向けて、全上場企業において積極的に役員・管理職に女性を登用することを求めている。

様々な女性がいることが認識され、風土が変わるには、母数として女性が多いことは必要だ。しかし、そこで「男なみ」の女性を採用し登用しようとしても、数を確保することが難しいだけでなく、ジェンダー秩序に大きな影響を与えない可能性がある。

活用・登用を支援すべきが「女性」であるのか、「ケア責任を負う人」であるのかも、考える必要がある。男女の差だけに着目していると、最も少数派であった「ケア責任のある男性」への配慮が反古《ほご》にされてしまう。

本調査で見えてきたのは、夫たちの「男なみ」からの脱けづらさでもあった。男性が今いるポジションから「降りる」ことは、女性が降りることよりも難しくダメージも大きい。それを妻も理解しているからこそ、夫が降りることを求めないし、夫も降りられない。しかし、本来は一時期妻が仕事を続けることを夫が支えることで、世帯としての生涯賃金は確実に上がり、夫も様々なリスクを取れるようにもなるはずだ。

表27で示したように、本来目指すべきは、「ケア責任のない男100%」の世界（表27‐a）の打破ではないのか。女性登用30%の目標を掲げるとき、ともすれば「ケア責任のない男」70%、「ケア責任のない女」30%という、「ケア責任のない男女」100%の世界ができあがる可能性がある（表27‐b）。

完全に等配分（表27‐c）とまで言わずとも、同じ30%ならば、たとえば、「ケア責任のない女」「ケア責任のある男（シングルファザーや、共働き妻と対等に育児分担している夫）」「ケア責任のある女」をそれぞれ10%ずつ配当するという目標の設定もある（表27‐d）。

2013年、安倍晋三政権は、「育児休業3年」を打ち出したが、女性ばかりを休ませる施策は、夫婦間の格差を広げるだけだ。**男性が育休制度や時短制度を利用すること、子ども**

表27-a、b、c、d　ジェンダーとケア責任の関係

a）現状	ケア責任なし	ケア責任あり	合計
男	100%	0%	100%
女	0%	0%	0%
合計	100%	0%	100%

b）「女性登用30%」で実現しそうな社会	ケア責任なし	ケア責任あり	合計
男	70%	0%	70%
女	30%	0%	30%
合計	100%	0%	100%

c）完全に等配分	ケア責任なし	ケア責任あり	合計
男	25%	25%	50%
女	25%	25%	50%
合計	50%	50%	100%

d）同じ「30%」ならこんな目標でもいいはず	ケア責任なし	ケア責任あり	合計
男	70%	10%	80%
女	10%	10%	20%
合計	80%	20%	100%

が発熱したときに迎えにいくことが低評価につながる不平等を阻止すること、むしろ積極的に評価されるような方策を取ることが求められる。

もちろん、実際には、子どものいない人を差別するような形になってはいけないし、ケア責任の重さは人によって異なり、ケア責任を負っているかをどのように認定するのかや、あるケア責任者がほかのケア責任者を代表できるのかという問題は残る。

ただ現状としては、あまりにも「ケア」という仕事や責任に想像力の及ばない人たちばかりが、企業の取締役会や様々な意思決定場面の参加者に集中している。

日本企業の「ダイバーシティ」は、ひとまずジェンダーから手をつけ始めた状態だが、これに加えケア責任の有無、外国人や障がい者、LGBT（性的少数者）などの意見も、反映させていく必要があるだろう。

既存のジェンダー秩序の中で女性を押し上げる

次に、現実的にはジェンダー秩序が残る社会の中で、対処を迫られている企業や女性個人が、「降りる」（「降りさせる」）ことをしないための考え方や方策について触れる。

◇「男なみ」以外のキャリア展望を描けるようにする――〈企業〉

前節と矛盾するようだが、ケア責任が平等に割り振られるか、またはケア労働の評価が上がる社会になるまでは、圧倒的にケア責任を負いがちな「女性の問題」としておくことが有効である可能性はある。

現状ではケア責任を抱えていない女性でも、「将来ケア責任を抱えると予測している（周囲に予測されたり圧力をかけられたりしている）」だけで、困難を抱える場合もある。

その観点から、企業は若い女性のキャリアに対する不安は、企業のレールに従っていればいい男性のそれとは異なることを認識する必要がある。

子どもがいても男女問わず不安を抱えずに働ける企業（あるいは一部外資系企業では実現している可能性があるが、男性もレールに従うばかりでないような企業）が理想だが、実際には、出産年齢が活躍する時期や転勤しやすい時期にかかることが気になったり、先々の、育休復帰後の働き方や、第2子、第3子出産の悩み、夫や自分の転勤可能性など、葛藤を抱えるのは女性の方である。

就職活動の時点で、そのような現実に目をつぶり、「男なみ」に活躍できることを約束させるような採用は、後々、女性登用に禍根《かこん》を残す。「男なみ」に活躍できないのであれば、女性をそもそも採用したくないと考える企業も出てくるだろうが、今、企業にとって、積極的に女性を登用する意味は、「標準化された男性労働者」とは異なる経験や能力、視点を持ち込むことでないか。

女性だけのチームで女性向け商品を作る、生活やケアに近い分野ばかりを担当させるといった「女性向け指定席」だけではなく、様々な意思決定の場に異なる発想や知見を提示することこそ、女性に求められている役割ではないか。それをはき違え、「男なみにふるまう女性の採用・登用」をしようとしても、ダイバーシティ経営とは言えまい。

女性の活躍が限定的な企業では、女性がキャリア展望を描けるかどうかは、理解ある上司や良きロールモデルに出会えるかという偶然に左右されることが多い。これを運に任せるのではなく、**企業側がキャリアの多様な選択肢を示すこと、管理職間で多様な働き方やキャリアの積み方の情報共有をすること、ケースバイケースで対応しながらキャリア形成を相談できる体制を整えること**などが効果的だろう。

出産を経ても働き続けられている女性が上にいなければ、若い女性は、出産を延ばすか、仕事への意欲を早い段階から調整するかを選ばざるをえず、展望を描きづらくなってしまう。企業は真の「退職理由」を理解していないだろうが、結婚や出産をする前から、「両立ができなさそうであること」を理由に離職する女性も決して少なくないはずだ。出産期の女性への支援は、長期的に多様な社員を働かせ続ける上で重要になってくる。

◇復帰後の女性を正当に評価する――〈企業〉

実際に育休を取得後、復帰した女性はどう処遇したらいいだろうか。

本調査では、育児中の女性に対して、過剰な配慮をして責任を大幅に引き下げ、本人のやりがいや成長機会を奪ってしまう職場や、定時ではとても終えられない量の仕事を任せるような職場が、女性が退職する一因になることが分かった。

定時までに終わらせられる分量の仕事が全員に割り振られていれば、本来、同じ量の仕事を定時までに終わらせる人と残業して終わらせる人では、前者が評価されていいはずだ。

しかし、実際にはサービス残業が常態化しており、夜の会議や接待もある長時間労働の職場では、ケア責任を抱えている社員が定時に帰ったり、子どもの熱などで突発的に休んだりすることが致命的になってしまう。

ケアを抱えていることがハンディにならないよう残業を一切なくすなど、全面的に働き方を見直すことができればそれが理想だ。**社会として、復帰後女性がケア責任を抱え込みすぎないよう、夫や第三者に任せられる体制を整えること**（**夫＝男性の職場の意識が変わっていくこと**）ももちろん重要だ。

ただ、それが一足飛びにできなくとも、処遇や扱い方の工夫で、キャリア志向の強い女性の就労継続可能性はぐっと上がる可能性がある。

本調査から示唆される処遇の方法として、まず、**仕事の内容は変えないこと**が、本人のモチベーションを維持する上で重要である。その上で、**生産性なども含めた仕事の「質」で評価し、その評価に応じて高付加価値で成長機会のある仕事、能力に見合ったポストを任せる**

ことが、女性の継続・活躍には重要であると考えられる。

ただし、実際問題、ケア責任を抱えていることで、仕事の「量」はそれまでより、あるいは同僚より、減る可能性がある。**量の減少分については、残業代始め、賃金で差を付け、それを明示化すること**が、本人の罪悪感と周囲の不公平感を減らす上で有効だと考えられる。

賃金が減ることは、夫婦間格差の問題につながる可能性はあるものの、周囲に負担がかかるのであれば、増えた仕事をこなした同僚にも正当な評価・報酬が与えられることは、本人が職場で居心地の悪さを感じないためにも重要である。

本調査では、5人の営業チームに育児中の女性が6人目として参加することで、6人目が同等の貢献をできないとしても、チームとしては従来よりも成果を上げることができている事例があった。

増員も経営には一時的には負担に見えるだろうが、それが売り上げにつながること、社員が辞めてしまえば、企業全体としては採用・育成をしなおすコストがかかることや、いずれ子育てにかける時間は減っていくことを考えれば、子育て中の女性を活用した方が、長期的には収益にプラスになるはずだ。

◇「働いてもらう」ための仕組みを整える――〈企業・社会〉

その上では、**フレックスタイムや在宅勤務**などの制度が、「働き続けること」に有効な事例もあった。制度を充実させることで、継続する女性は増えても、同時に「ぶら下がる」女性も増えると企業は懸念するかもしれない。しかし、必要とされている制度は、「女性を働かなくても済むようにさせる」制度ではなく、「女性に働いてもらう（女性を働かせる）」ための制度である。

単純作業だったり、誰にでも代替可能だったりして、「やりがい」が限定された特定の部署でしか継続できず、高付加価値で「やりがい」を得られる仕事を求めるのには本人の「覚悟」が必要――。このような環境では、常に不測の事態が起こり得て数カ月単位で状態も変わってくる子育てを抱えている人は、手を挙げづらくなる。

「海外出張や転勤、残業もいとわないが、管理職になれるコース」と「決まった場所・時間で働くコース」のように、極端な二択だけを与え、「女性自身が管理職になりたがらない」と結論付けるのは避けるべきだ。

出張や転勤を経験しなくても管理職に就ける成長のルート、あるいは小さな子どもを抱えながらでも出張や転勤ができる支援の仕組みがあり、残業の必要がなくてもなお、女性は管理職に「なりたがらない」だろうか（そもそも、男性はなりたがっているかどうかにかかわらず管理職になっていくのに、女性の場合はなぜか意欲が問題にされる）。

企業にとっても、特定の部署に子育て中の女性を押し込めていれば、能力を十分に引き出せず、望ましいことではない。「女性活用」には、本人の自己責任で手を挙げさせるのではなく、どんな部署でも何らかの形で活躍できるように支援していくことが必要だ。

女性だけが育児を抱え込まないようにするために、預けたいタイミングでいつでも保育園に入れることや、学童保育の充実などは、もちろん必要である。ただ、たとえば企業が補助金を出すなどして「ベビーシッターを深夜何時まででも使える」ようにしたところで、「やりがい」や正当な評価を得られる仕事を続けられるようにすること、キャリア展望を抱ける状態を整えることなどとセットで行われなくては、使おうと思う人は限定的だろう。

相対的に恵まれた立場にいる総合職女性たちは、現実問題として「そこまでして」仕事をする意味を見いだせなくては、動かない。「働いてもらう」には、子どもが安心して楽しく過ごせる居場所がある上で、管理職になりたい、なっていけると思わせる仕組みと、管理職になるプロセスやその働き方そのものの見直しが必要だろう。

◇あえて「女の問題」と受け入れる――〈女性〉

女性自身は、どうしたらいいのだろうか。とりわけ、２０１０年代の現在、若い女性は難しい決断を迫られている。

「仕事が忙しくてわき目もふらずにやってきたら、妊娠しにくくなっていた」という、上の世代の不妊が広く知られるようになり、早く産んだ方がいいという情報を受け取る一方で、現実的には産んだ後、第一線を退かないといけなかった先輩たちを見ている。

結局、男性と同等に競争し達成を求める「男なみ」は目指さない方がいいのだろうか。女は女であることを早くから認識し、「女ゆえ」の道を選ぶべきだろうか。

たしかに、それが既存社会で生き延びるための1つの方法ではあるだろう。女性が軒並み「働きやすい企業」を選べば、企業も変わらざるを得なくなり、長期的には社会が改善することにもつながるかもしれない。しかし、その選別戦略は、社会を変えるまでに時間がかかる上に、女性の「働きやすさ」以外の、やりがいや得意分野、収入などによる仕事の選好を無視している。

仕事を選ぶ上で「やりたいこと」や「やりがい」を重視しすぎることには問題があるとはいえ、経済的に恵まれている女性にとっては、働き続ける上での意欲維持や、子どもを預ける罪悪感を減らすのには有効である。

子どもを産んでからもやりがいを持って仕事を続けたいと考えたとき、自分がやりがいを感じられる仕事内容で、かつ働きやすい企業に入れるのが理想だろう。しかし、その両方を満たす企業がなかったり、入れなかったりした場合、どうするか。

仕事は仕事と割り切って働きやすい企業に入り、やりがいを後から見いだすなり、仕事以外の分野にやりがいを見つける方法もある。もう1つは、働きにくくてもやりがいを感じられる仕事内容の企業に入って、その中で何とか環境を変えていく方法がある。

女であることで何か方向づけられてしまうこと、男であればしなくて済んだような何らかのあきらめをしなくてはならないことを、最も環境に恵まれ競争に勝ち抜ける能力を持った人たちが受け入れてしまえば、おそらく社会は変わらない。

だから、**入ってしまった企業でパイオニアになること、ルールを変えようと戦うこと、一定人数が、「女性であることをふまえた登用」に残っていくこと**も必要である。

ケア責任を抱えずに「男なみ」の発想を身につけた有能な女性も、「男なみ」になれなかった女性たちを切り捨てていくのではなく、少なくとも自然に女性管理職が増えてくるまでは、むしろマイノリティの代表であることを前面に押し出した価値の発揮ができるはずだ。

自分が抱えてきた困難から、自分よりもさらに大きな困難を抱えている立場への想像力を働かせ、声を吸い上げるような形で「女を使う」こと、犠牲にしてきたものの多さをむしろ強みとして、顧客や部下の意見を代表できることが、女性の価値になるはずだ。

女性の問題は、結局どの道を選んでも同じようにジェンダー秩序に巻き込まれるという共通性にこそ、希望があるとも捉えられる。男性中心の競争社会の中で、目指すべきとされたものからは降りる、利用する・ぶら下がる、ことさらに男なみであることを強調する……ということを繰り返していても、構造は変わらない。

本書では、女性がジェンダー秩序に従う行動が、ジェンダー秩序を強化してしまう構造も指摘してきた。こうした様々な行動が、女性が同じ問題に出合ったときの異なる対処であることを理解すれば、女性同士が共通の利害で声を挙げることや、男性社会が女性に対する理解を深め、より適切な対応をすることも可能になるのではないだろうか。

女性たち自身が、**女性の問題を共通する問題と捉え、対立しないこと。「無難な理由」で企業を去る前に声を挙げること。正当な責任を任され正当な貢献に対して正当に評価されることを要求すること**——。これが、長い目で見て女性の利益になるはずだ。

◇男性の育休よりも、定時に帰る経験を――〈男性〉

男性はどうしたらいいだろうか。企業経営者や上司の立場にある人の課題としては〈企業〉の項で考えたため、ここでは「育休世代」の夫たちを対象に考えてみたい。

本書としては、夫婦関係にジェンダー秩序が反映されてしまうのは公的領域の影響が大きいという見解で、夫婦内だけでの解決はなかなか難しいと考える。

ただ、子育て中の共働き夫婦で、自分は「女性（妻）に対して理解がある」と自負している男性でも、実際に女性たちが悩んでいることの内実や女性活用の難しさの本質を理解している人はかなり少ないように思える。それに対して妻たちからは、「完全に均等な分担までは求めないが、せめて私たちの置かれている状況を理解してほしい、ねぎらってほしい、感謝してほしい」という声が聞こえてくる。

本書では、出産後の女性の抱える問題は、育休を取るかどうかではなく、復帰後の働き方と処遇にあることを指摘してきた。男性の育休取得率は依然低く、その引き上げは多いに課題だ。ただ、男性は育休を取っても、育休から復帰後は、再び何時まででも働くスタイルに戻れることが多い。女性の出産後の活躍がなぜ難しいのかを真に理解してもらうためには、男性には育休取得よりもむしろ、「育休復帰後にケア責任を抱えながら働く」ことの体験をしてもらうほうが有効かもしれない。

もちろん「体験」だけでなく、実際に夫婦間で完全に曜日ごとで育児を分担するなど、半々の育児分担ができれば理想的だが、今現在の多くの職場では、男性が育児に時間を割くことは、女性が同じことをするよりもネガティブな評価を受けやすい。そういった風土や評価制度自体を変えていく必要があるわけだが、まずその必要性を理解するためにも、少なくとも妻が何に苦しんでいるのか、「女性活用」の何が問題なのかを理解してもらう必要がある。

そのために、1つの提案として、2週間程度、妻と役割を完全に交換してみてはどうだろうか。1週間では、洗濯をサボっても、料理をしなくても、睡眠時間を削ってこなしても、何とかなってしまう。週1回程度、ノー残業デーのような定時帰りの日があったとしても、長期的に持続可能な仕事と育児の両立を考える頭の使い方にはつながらない。

2週間、妻が普段そうしているのであれば、定時に帰り、お迎えから夕飯作り、お風呂、寝かしつけを全部やってみる。翌朝の保育園の仕度を整え、熱を出せば対応を考える。これらを経験することで、育児の大変さだけではなく、仕事と家事をいかに効率的にまわすかというマルチタスクのこなし方、それでも感じる同僚より早く帰ることの申し訳なさ、先々のキャリアへの影響への不安など、普段妻が感じていることを少しは体感できるのではないだろうか。

妻の海外出張、第2子出産時の妻の入院、などのタイミングでこの経験ができればいいが、企業側も、男性の育休取得を促すと同時に、「ノー残業週間」を導入するなどして、このような「両立体験」を促してみてほしい。そしてそのような体験をした男性たちには、職場の女性たちと手を取り、企業や社会を変えていってほしい。それが結果的に、夫婦間の分担の偏りや収入の格差を是正していくことにつながるはずだ。

（5）オリジナリティと今後の課題（意義と限界）

本調査のオリジナリティは、3点ある。第1に、制度が整ってから入社した育休世代を、それまでの世代と区別して取り上げた点。第2に、フェミニズムや教育社会学が中心的に扱ってこなかった、継続志向の女性について扱った点。第3に、個人の環境や意識の変化を、ライフコースに注目して複合的に分析した点である。

均等法世代とは違う！

1点目については、本調査で直接的に、育休世代とそれまでの世代の比較をしているわけではないため、世代間の違いを浮き彫りにする研究とはなっていない限界がある。

しかし、これからさらに増えると考えられる育休世代の出産を前に、その特徴や課題を示せていれば、個人や企業の参考になるだろう。

均等法第1世代を中心に、多くの努力により、ケア責任を抱えながらも様々な障害を乗り越えて評価されてきた女性たちは、「今の若手は甘い！」と思うかもしれない。子育て中の女性の活用を考えるとき、企業は、「制度にぶら下がるな」「権利主張ばかりしないで貢献せよ」といった強硬なメッセージを発しがちでもある。

「2人続けて産んで育休を取って、7年も会社に来ていない」「復帰後またすぐ2人目を妊娠した」といった女性の行動に、戸惑う企業も多いだろう。

しかし、第1世代が経験してきた世界と、育休世代の前提は異なる。5章で述べたように、「(子どもと時間を過ごすための）制度があるのに使わない（で仕事をする）」ことは、制度がなくてそうするしかなかったときよりも、母親の罪悪感を格段に高める。

仕事と育児の両方を楽しんでいるように見える人が増えれば、自分だけどちらかをあきらめることも相対的剥奪感を高める。こういった違いがある中で、第1世代の中で生き残った数少ない「上澄み」であるスーパーウーマンの、「私のときは……」という体験談を押し付けることは、かえって、「そこまでできない」「そうまでしてやりたくない」と育休世代を萎《な》えさせる。

その上、一度「こんな会社にはいつまでもいられない」「どうせ競争からは外れてしまった」と割り切ってしまった女性の心には、「甘えるな」という言葉は永遠に響かない。

制度を整える一方で、それを使わないように誘導するという本末転倒な態度を示すより、重要なのは「いかに戻ってきたいと思わせるか」だ。のらりくらりと長期的視野で企業にいようと考える男性より、活躍したいと考える女性の方が、将来を見据えて焦ってしまう。

早い時期に成功体験を与えること、妊娠前後でもやりがいを覚えるような高付加価値の仕事を与え、制約時間内でこなせるようにすることで、意欲のある女性を引き留めることはできるはずだ。そのことが女性に、「使おう」と思う育児資源を増やす可能性もあり、「甘えるな」と叱咤激励するよりも、結果的に企業への貢献を増やすことにつながるだろう。

まずリーダー層から変える

オリジナリティの2点目については、社会的地位も得て、高収入の夫もいて、比較的早くに子どもを持つ希望も叶えているという、相対的に恵まれながら就労継続を希望する層を対象とした点で、非常に限定的な研究と捉えられるかもしれない。しかし、相対的に恵まれたエリート層を扱うメリットもある。

まずはこのような女性たちが意思決定に関われるリーダーになることが、より弱い立場も含めた女性全体の利益に資する可能性があり、まずは恵まれている層ですら越えられない壁の指摘と克服が必要と考えられることである。

私的に公的に教育に投資をして、有名大学の入試や大手企業の就職戦線を勝ち抜いてきた女性の能力が発揮されないことは、費用対効果に見合わないだけではなく、社会全体の意思決定過程に女性の参画が少ない要因になる。

また、教育課程や就職活動などでの「競争」を勝ち抜き、社会的に評価される「階段」を駆け上がってきたはずの女性たちが困難に陥っているとすれば、次から次へと新たな女性が同じ状況に突入していき、葛藤を再生産することになる。

「母としての人生」だけではなく仕事上での自己実現が求められる時代の流れや、女性自身の経済的自立、もしくは世帯としてのリスクヘッジ、国全体の発展を考えれば、今後働く母親が増えることは必須である。そのような中で、就労継続を志向しているのに継続できない現状や、「産め働け育てろ」といった時代の要請を叶えたような優等生たちが、葛藤に苦しむ現状の問題点を指摘することは、有意義であると考える。

これまで女性学は、女性間格差が広がる中で、総合職の女性ような、男性と同等の条件で働くことができ、制度的にも恵まれた「名誉男性」を、「女性の問題」から除外してきた。しかし、「名誉男性」だった女性も、出産などを契機にジェンダー秩序との距離の取り方が変化すること、「名誉男性」的ふるまいの中にも苦しさがあることを示すことは、「女性の問題」から例外を減らし、女性学そのものの可能性を広げるだろう。

早めの出産とキャリア形成の両立への解

また本調査では、平均より早い年齢で出産したケースを取り上げ、対象者たちが二重保育に抵抗感を示すなど、育児資源の選択と仕事のやりがいとの間で板挟みとなる様子を浮き彫りにした。彼女たちと同じ世代が、30代で管理職などの責任あるポストに就いてから出産を考える場合では、意識や行動は異なってくる可能性もある。

ただ、メディアや教育者が不妊リスクについて広く伝え、女性に20代で産むことを推奨したり要請し始めているにもかかわらず、早めの出産をした場合にどのようなキャリア形成が可能かについては研究も少なく、解が出ているとは言いがたい。

これから就職・出産する女子学生や若手女性が自身のライフコースを考える上で、また比較的早く産み育て、働き続けるという時代の要請を検討する上では、本調査は有意義となるだろう。

本調査では「男なみ」に就職した中で、早い時期に出産し、親の支援を全面的に受けていない女性のみを扱っている。今後の課題としては、より「逆転したジェンダーの社会化」による企業論理の内面化が強いと考えられる、親の全面的な支援を得て両立している女性、結婚や出産を遅らせる女性、今後も出産しないことを自らの希望や何らかの理由で決めている女性など、ケア責任を抱えない女性についても分析対象とし、「女性の問題」としての共通性を見いだせることを示したいと考えている。

同じ世代で異なる経路をたどったケースや、異なる世代で同じ経路をたどったケースを比較すれば、世代、時代、年齢それぞれの影響が浮き彫りになるだろう。

また、総合職であっても「戦略的に出産後退職をする」ことを希望するケースや、会社員よりも続けやすいとされる資格職や公務員、女性が相対的に多い職業などを選ぶケースでは、本調査の対象者よりも早い段階で、ジェンダー秩序に組み込まれている可能性が高い。産休のみでの復帰が半ばあたりまえとなっている勤務医や、深夜まで子どもを預ける前例の多い国家公務員からは、また別の論理が語られる可能性がある。

このような進路を選ぶ女性たちには、どの段階でどのようなジェンダー経験が効いているのか、どのような帰結に至っているのか、出産経験のある女性の対象範囲を広げて比較することも今後の課題である。

研究の橋渡し

オリジナリティの3点目は主に、学術研究上の意義となる。1人の女性にとって、教育社会学が扱ってきた女性の「ライフコース展望」の問題は、女性が就職した時点で終わるわけではなく、女性の復帰後経路の問題は、女性が出産した時点から急に始まるわけではない。また、規範などについての意識は、一般論として「こうあるべきだと思う」という内容と、自分自身が「こうでありたい」という内容に違いがあるだけではなく、実際におかれた環境（入ってしまった職場、結婚してしまった夫）に左右されて、揺れたり、相手の反応を受けて変化したりする。

若者研究になりがちな社会化研究や、就職活動前後の意識についての研究に、将来の「母」となる女性の葛藤を生じさせる種がすでにまかれていることを指摘すること。出産前後の一時点の要因のみに注目するのではなく、その要因がどのように作られたか、どのように変化していったかを見ること。本調査ではこれらの視点により、若者研究や女性内分化の研究と、女性労働研究との間の橋渡しとなる、すなわち教育社会学と労働社会学の間の谷間を埋める貢献ができたと考える。

本調査では、子どもが0〜2歳前後の時点の、育休からの復帰前後の経路に注目しており、子どもの成長につれて再び出てくる可能性がある葛藤や、ライフコースの分岐については、今後の課題とする。

おわりに——わたしの経緯

大学時代、ジェンダー関連の発言をしている女性が理解できなかった。「女」を扱わないと食っていけないような女にはなりたくなかった。いつも隣にいて肩を並べて、野心や将来について語り合い、励ましあったり傷をなめあったりしてきたのは、男友達だった。

幼少時代からサッカーをこよなく愛し、女の子のグループが苦手で距離をとってきた私は、自分が学校や社会で評価される上で、女であることを強く認識することを避けてきた。

「私、自分が女であることに気づくのが遅すぎたんですよ」。そう言うと、男性や、多くの女性は、「えっ」「どういうこと?」とちょっと笑う。ほんの一部の、自分と同じような出自の女性は、うんうんそれ分かる、と、ものすごく深く、何度も首を縦に振ってうなずく。

私が、付き合いの長い男友達の1人から、「おいおい、どうしたんだよ、いっぱしのフェミニストみたいなこと言い始めて」と言われたのは、妊娠の前だったか後だったか。入社5

年目、結婚したとたんに私の扱いを変えた人たちがいた。

それまで、スーツは基本パンツスーツと決め、ろくな化粧も髪を整えることもせず、職場のソファーで仮眠をとり、どんな仕事でも引き受け、飲みの場でも会話についていこうとしていた。女であることは消して、同等に評価されたかった。

それがすべて無駄だったのかと思えるような、「お前はもう結婚したから飲み会に呼ばない」というような、「独身女」と「既婚女」への対応の違いに、自分という人間に対する成果や評価が、自分に貼られた「女」というカテゴリーによるものだったのか、自分の努力や能力によるものだったのか、全く自信がなくなった。同時に、女であることを引き受け、女であることを含めて評価されるしかないことをようやく理解した。

そうして、結婚・妊娠後に、数々の、初めて出合う「女扱い」に戸惑う中、多くのことを分かち合ってきたはずの男友達と、決して越えることができないと感じるような距離を感じるようになった。うまく説明できないこと、説明する気が起きないこと、説明しても分かってもらえないことの多さに、愕然とした。私は、彼らに説明できる言葉を持っていなかった。

一方で、初めて、これまでゆるりと付き合ってきた「女友達」と、真剣に語り合うようになった。彼女が経験してきたことを深く聞き、自分の経験を話すということをするようになり、敬遠し続けた「女子会」なるものを自ら企画して開くようになった。「女子」が語る内容は、私にとってはすべて新鮮で、全部録音しておきたいくらい多くの発見を含んでいた。上野千鶴子（2012）によれば、「私が最も疎遠な女とさえ共有できる問題が、最も親密であるこの男にはわからないんだ――という経験」。これが、毛嫌いしていた「女の問題」に私を踏み込ませた。

しかし一方で、女の問題として、女の我慢と女子会の愚痴《ぐち》で終わるだけでは、世界は変わらない。多くの女性が、代弁者を求めているようにも思えた。夫や職場の上司に、うまく説明ができない、うまく戦えない、分かってもらえない。

政府が女性活用を打ち出してから、メディアはこぞって特集を組んでいる。一方で女性活用が叫ばれるほどに、企業の本音としての「『権利主張ばかり』して、『ぶら下がる』『甘えている』『お荷物』の女性社員」について、厳しい視点も見え隠れする。

しかし、男性に「ぶら下がり社員」はいないのか。同割合いるとしたら女性だけが目立つのは、女性の母数が少ないからではないか。女性の方が男性よりも割合が高いとしたら、それはなぜなのか。ケア責任が女性に圧倒的に偏っていることはもちろん、「ぶら下がる」男女は同数いてもいいはずだが、そうではないのは作られた社会的な性差によるものではないのか。就職時点、妊娠前後で、「甘える」方の選択肢を有力にしてしまう構造があるからではないのか。……といったことに応えようとする論調は、「一切」と言い切っていいくらい、見当たらなかった。

本調査で出てくる女性たちは、ほとんどが20代のうちに、総合職という仕事、夫と子どもをすべて手に入れており、その観点からは完全な「勝ち組」である。そんなに恵まれた状況で「生きづらい」などと口走れば、色々な方向から「贅沢者」と責められそうだ。

そもそも大企業の総合職なんか、世の中の超少数派であって、そういう世界の狭いくだらない競争社会を降りることを大問題みたいに取り上げることが間違っている、というのもまっとうな意見だと思う。しかし、それでも、そこには悔し涙があると私は言いたかった。

この論文は、第一に、同じように涙を呑んでいる女性たちに読んでもらいたいが、そんな涙の存在に思いも寄らない人たちにも、ぜひ読んでほしい。今まで「あの人は勝ち組だから」と距離を置いていた女性には、実はここに出てくるような女性たちと問題や生きづらさを共有することができて、場合によっては一緒に戦うこともできるのだと思ってもらったらいい。「女は皆あーだなぁ」とか「ああ、両立が大変なのね」とか「女の幸せを追求できてよかったなぁ」などとぼんやりとひとくくりに見ていた男性陣や企業経営者には、女性の置かれた状況や抱える思いの複雑さを知ってほしい。

今もバリキャリであり続ける「男なみ」女性には、自分がいかに頑張ってきたかを誇ってもらえたらいい。でも、そこには「男なみ」になれなかった女性への蔑視ではなく、共感を覚えてもらえたらいい。

「こんなこと研究して、世の中は変わるの?」「社会を変えられると思ってる時点で若いよね」「世間の見方なんて変わらないよ、期待するほうが間違ってる」——そういう言葉を投げかけられることも多かった。

でもこの研究は最初から、「学位」をとるためのものではなく、広くいろいろな人に読んでもらいたいと思って始めた。社会を変えるためであり、言論の根拠になってほしい。いろんな人がこの論文を使って、反論できるようになったらいいと思う。「これ読んで」で説明がされればいいと思う。誰かが批判・発展させ、研究が深まればいいと思う。

新書を出すにあたって

この本は、立命館大学大学院に提出した修士論文「均等法改正世代のパラドクス――『男なみ』就職をした女性が出産後に退職するのはなぜか――」を一般向けに加筆修正したものである。

インタビューや論文の執筆は主に育休中に実施した。論文執筆後、育休から復帰し、自分自身が両立の荒波に呑まれながら、休日を使って新書用の書き直し作業を進めた。インタビュー当時、まだ自分には実感できなかった「復帰後の景色」は、インタビューした人たちそれぞれの言葉を追体験するようなものになった。

実際に復帰してみて発見することも多かった。15人を含め先輩ママたちの話を存分に聞いていたこともあり、私自身の復帰は妊娠前や育休中に警戒していたよりは、比較的スムーズだったと思う。一方で、仕事の機会や子ども、そして自身の体調などが変化した節目節目では、「両立を断念するのってこういうときかな」と思うような、苦しいときもあった。

自分が散々人のことを分析したあとだからこそ、変に自分の状況を客観的に見てしまい、素直に行動できなかったことも多かった。この本を出す準備をしていたことで、「仕事しないでこんなことやってたんだ」と言われないようにと仕事に全力で向かいすぎて自分の首を絞めた面もある。

実は、この本を出すにあたって、私は小さな罪悪感を抱いていた。仕事と育児に奮闘している15人のママたちを題材に、自分だけ「育児も仕事も出版も、ママになってもやりたいことは全部実現させてます」なんて顔をするのは、抜け駆けなんじゃないか、と。

本を出すことそのものが、本の主張と矛盾しないかという不安もあった。結局のところ、おそらく、私はこの本に出てくる15人の誰よりも、「競争」から降りられていない。この本を出さなくては、どうしても気がすまなかった。早朝から深夜まで働く競争から降りて、別のルートで価値を出していることをどうしても示したかった。そんな自分こそ競争社会の落とし子で、この本を出すことは、その競争社会を批判するどころか、結局与《くみ》しているだけなんじゃないか、と。

でも、そんな罪悪感や不安を払拭してくれたのは、やっぱり15人のママその人たちだった。出版について報告したときにもらった言葉は、私の想像をはるかに超えてポジティブだった。「出会えたことが誇らしく、こんな風に社会にアウトプットしてくれることが心強く」「自分のことではないですがとっても嬉しいです。私にとっても刺激になります」「自分もしっかりしなきゃと思いを新たにしました」「いつも勇気をもらっています。全面協力させてください」――。

今も15人の人生は様々に進んでおり、子どもたちは日々大きくなっており（人数が増えたりもしていて）、働いているケースも専業主婦になったケースも、その一日一日を、時に悩みながら、時に楽しみながら、積み重ねるように送っている。心が折れそうになるとき、逃げ出したくなるときだってある。そのヒリヒリした気持ちは、今もそこにあり、言語化されず、社会に認識されていない。

「女性活用」を謳った政策や、労働経済学その他の調査研究では、そういう女性たちのヒリヒリした気持ちに寄り添ってきただろうか。企業は、人事やダイバーシティ推進で対策をうつときに、「女性社員」という得体の知れない塊ではなく、一人ひとりの顔を思い浮かべてきただろうか。

もっと一人ひとりの声に耳を傾けてほしい。この本が取り上げたのは、女性のほんの一部の層ではあるが、企業や政策決定者が、少しでも女性たちの置かれた状況、育った背景、抱えている思いを理解する一助になればと思う。

謝辞

育休中の論文執筆・仕事をしながらの新書化という無謀な計画を応援し、たびたび子どもの面倒を見てくれた両親・夫の両親に深く感謝します。

大学院進学を後押ししてくれた小暮かおりさん・米澤旦さん・武岡暢さん、ママ大学院生になるにあたってたくさんの相談に乗ってくれた林淳子さん・田澤恵美さん、作業の場所やアイディアを共有させてもらった株式会社ノトコードのみなさん・岡島礼奈さんはじめpeek project のみなさん、ありがとうございました。

論文を提出する過程では、東京のフェミニズム研究会のみなさん、本田由紀先生とゼミのみなさん、大沢真理先生とゼミのみなさんにご意見をいただき、ありがとうございました。

立命館大学では、入学当初から励ましてくれた後藤玲子先生、時に厳しくアドバイスをくださった松原洋子先生はじめ先端研の先生方、ＴＥＭを紹介してくださったサトウタツヤ先生、新たな視点をたくさんくださった先端研院生のみなさま、そして出版まで丁寧に指導してくださった上野千鶴子先生に、心より御礼申し上げます。

私に研究テーマを与えてくれ、どこに預けられても上機嫌でいてくれた我が子と、良くも悪くも常に私の焦燥と葛藤の種となった夫にも、ありがとうを言いたいです。実名を挙げることは避けますが、所属先企業の直属上司はじめ、同僚のみなさん、子どもの保育園の先生方にも感謝しております。

そして何より、この研究に協力していただき、度重なるお願いに最後まで付き合ってくださった15人の方々に、厚く御礼申し上げます。子どもの病気や仕事との関連で辛いことがあっても、論文を書くことを投げ出そうと思わなかったのは、みなさんの1つ1つの言葉を絶対に世に出したいと思うことができたからです。みなさんの様々に奮闘する姿は、本当に本当に何よりの励ましになりました。

子どもを産んで2年。この本のために走り続けたことで、多くの人に迷惑もかけてきました。女性ばかりが歯を食いしばって努力しないといけない社会を変えたいと思いながら、自分や自分の家族が最大限無理をしている状況は本末転倒だった面もあると思っています。

一方でこの2年は、政府の「女性活用」の議論が思いがけず進み、1日も早く自分に見えている世界を発信したい気持ちで、やきもきした2年でもありました。

仕事に復帰してからは特に、日を追うごとに書きたいことが増えるにもかかわらず、約1

年前の知見をまとめなくてはならず、それまでデイリーに発信してきた自分には、忍耐を要するものでした。

そういった意味で、今、長かった道のりが終わり、ようやく議論の土俵に上がるスタートラインに立てたのではと、ホッとしています。後半の道のりを一緒に歩んでくださり、先輩ママとしても公私ともにアドバイスをくださった光文社の草薙麻友子さん、ありがとうございました。

良い研究は、時間が経っても色褪《いろあ》せないのかもしれません。でも私が書きたかったことは今この瞬間、多くの女性が悩んでいることであり、できるだけ早く皆さんに読んでいただきたいと思い作業をしてきました。

良い本は、黙っていても、分かってくれる人には評価されるものなのかもしれません。でも私は、読まれなくては意味がない、何かを変えるきっかけにならなくては意味がないと思っています。その意味で、1人でも多くの人にこの本が届くことを願います。

この本を手に取ってくださった皆さん、ありがとうございます。長文を最後までお読みいただけたかは分かりませんが、部分的にでも皆さんに何らかの発見があったことを祈ります。

山口一男（2009）『ワークライフバランス　実証と政策提言』（日本経済新聞出版社）

吉原惠子（1995）「女子大学生における職業選択のメカニズム——女性内分化の要因としての女性性」『教育社会学研究』（57）pp.107-124.（再録、天野正子〔2009〕解説『新編　日本のフェミニズム 8　ジェンダーと教育』岩波書店）

〔外国語文献〕

Arlie Russell Hochschild (1997) The Time Bind: When Work Becomes Home and Home Becomes Work, New York: Metropolitan/Holt（坂口緑・中野聡子・両角道代訳〔2012〕『タイム・バインド』明石書店）

Eva Feder Kittay (1999) Love's Labor: Essays on Women, Equality, and Dependency, Routledge, Inc（岡野八代・牟田和恵監訳〔2010〕『愛の労働あるいは依存とケアの正義論』白澤社）

Martha Albertson Fineman (2004) The Autonomy Myth: A Theory of Dependency, The New Press（穐田信子・速水葉子訳〔2009〕『ケアの絆——自律神話を超えて』岩波書店）

Nancy Fraser (1997) "Justice Interruptus," Routledge.（仲正昌樹監訳〔2003〕『中断された正義』御茶の水書房）

Carole Pateman (1992) "Equality, Difference, Subordination: The Politics of Motherhood and Women's Citizenship," Gisela Bock and Susan James eds. Beyond Equality & Difference, Routledge

※ 就労中断研究文献は P33 に掲載しています。

報道職のワーク・ライフ・アンバランス』大月書店
東野充成（2011）「変わる働かされ方、働き方——労働法制の変化と自己責任の論理」多賀太編著『揺らぐサラリーマン生活』ミネルヴァ書房
藤田結子・北村文編（2013）『現代エスノグラフィー——新しいフィールドワークの理論と実践』新曜社
藤原千沙・山田和代（2011）『労働再審③　女性と労働』大月書店
舩橋惠子（2006）『育児のジェンダー・ポリティクス』勁草書房
本田由紀（2002）「ジェンダーという観点から見たフリーター」小杉礼子編『自由の代償／フリーター　現代若者の就業意識と行動』日本労働研究機構
本田由紀（2007a）「〈やりがい〉の搾取」『世界』2007年3月号、岩波書店 pp.109-119.（再録、本田由紀〔2008〕『軋む社会——教育・仕事・若者の現在』双風舎）
本田由紀（2007b）「ポスト近代社会を生きる若者の『進路不安』」『教育』2007年12月号、国土社 pp.4-11（再録、本田由紀〔2008〕『軋む社会——教育・仕事・若者の現在』双風舎）
本田由紀（2008）『「家庭教育」の隘路』勁草書房
本田由紀（2010a）「日本の大卒就職の特殊性を問い直す」苅谷剛彦・本田由紀編『大卒就職の社会学——データからみる変化』東京大学出版会
本田由紀（2010b）「若者にとって働くとはいかなる意味をもっているのか——「能力発揮」という呪縛——」小谷敏・土井隆義・芳賀学・浅野智彦編『「若者の現在」労働』日本図書センター
三浦まり（2011）「労働政治のジェンダー・バイアス——新自由主義を超える可能性」辻村みよ子編『ジェンダー社会科学の可能性　第3巻　壁を超える』岩波書店
妙木忍（2009）『女性同士の争いはなぜ起こるのか——主婦論争の誕生と終焉』青土社
宗方比佐子（2000）「女性のキャリア発達」伊藤裕子編著『ジェンダーの発達心理学』ミネルヴァ書房
村松幹子（2000）「女子学生のライフコース展望とその変動」『教育社会学研究』(66) pp.137-155.
山根純佳（2010）『なぜ女性はケア労働をするのか』勁草書房

高文社
千田有紀・中西祐子・青山薫（2013）『ジェンダー論をつかむ』有斐閣
高橋伸夫（2004）『虚妄の成果主義——日本型年功制復活のススメ』日経ＢＰ社
多賀太（2006）『男らしさの社会学』世界思想社
竹内真純（2007）「夫のサポートが夫婦の結婚満足感を高める」永井暁子・松田茂樹編『対等な夫婦は幸せか』勁草書房
竹信三恵子（1994）「総合職たち」『日本株式会社の女たち』朝日新聞出版（再録、天野正子ほか編〔2009〕『新編　日本のフェミニズム 4　権力と労働』岩波書店）
橘木俊詔・迫田さやか（2013）『夫婦格差社会——二極化する結婚のかたち』中央公論新社
田中亜紀子（2008）『満足できない女たち——アラフォーは何を求めているのか』PHP 研究所
田村哲樹（2011）「シティズンシップの再構想」辻村みよ子編『ジェンダー社会科学の可能性　第 3 巻　壁を超える』岩波書店
柘植あづみ（2012）『生殖技術——不妊治療と再生医療は社会に何をもたらすか』みすず書房
土井隆義（2003）『〈非行少年〉の消滅——個性神話と少年犯罪』信山社出版
豊田義博（2010）『就活エリートの迷走』筑摩書房
内閣府（2011）『結婚・家族形成に関する調査』
内閣府（2013）『平成 25 年版男女共同参画白書』
中西祐子（1993）「ジェンダー・トラック——性役割観に基づく進路分化メカニズムに関する考察」『教育社会学研究』（53）pp.131-154.（再録、木村涼子編著〔2009〕『リーディングス　日本の教育と社会　16　ジェンダーと教育』日本図書センター）
中野麻美（2006）「貧困化と二極化のなかの女性労働」『唯物論研究年誌』（11）青木書店（再録、本田由紀・筒井美紀編著〔2009〕『リーディングス　日本の教育と社会　19　仕事と若者』日本図書センター
日本生産性本部ワークライフ部ダイバーシティ推進室（2012）『女性人材の活躍 2012 ——女性コア人材の育成の現状と課題』
日本生産性本部（2013）『新入社員働くことの意識』調査
萩原久美子（2006）『迷走する両立支援』太郎次郎社エディタス
林香里（2013）「企業内での職能と出世」林香里・谷岡理香編著『テレビ

参考文献

亀田温子（2000）「ジェンダーが教育に問いかけたこと」亀田温子・舘かおる編著『学校をジェンダー・フリーに』明石書店（再録、木村涼子編著〔2009〕『ジェンダーと教育』日本図書センター）
川口章（2008）『ジェンダー経済格差』勁草書房
喜多加実代（2011）「子どもの『主体的進路選択』と親のかかわり」石川由香里・喜多加実代・中西祐子・杉原名穂子著『格差社会を生きる家族』有信堂高文社
北出真紀恵（2013）「どのようにテレビ報道職になるのか」林香里・谷岡里香編著『テレビ報道職のワーク・ライフ・アンバランス』大月書店
木村邦博（2000）「労働市場の構造と有配偶女性の意識」盛山和夫編『日本の階層システム4　ジェンダー・市場・家族』東京大学出版会
木村涼子（1990）「〈教育と女性解放〉の理論」『解放教育』明治図書出版（再録、木村涼子著〔1999〕『学校文化とジェンダー』勁草書房）
熊沢誠（2000）『女性労働と企業社会』岩波書店
経済産業省（2013）『ホワイト企業　女性が本当に安心して働ける会社』文藝春秋
厚生労働省（2011）『平成23年度雇用均等基本調査』
厚生労働省（2012）「コース別雇用管理制度の実施・指導状況」調査
国立社会保障・人口問題研究所（2008）『全国家庭動向調査』
国立社会保障・人口問題研究所（2010）『第14回出生動向基本調査』
金野美奈子（2004）「性別職域分離――仕事の中の男性と女性」（佐藤厚・佐藤博樹編著『仕事の社会学――変貌する働き方』有斐閣
斎藤美奈子（2000）『モダンガール論』マガジンハウス
四方理人（2004）「晩婚化と女性の就業意識」本田由紀編『女性の就業と親子関係』勁草書房
鹿内啓子・後藤宗理・若林満（1982）「女子大生の社会的・職業的役割意識の形成過程に関する研究――性役割タイプと自己能力評価を中心として」『名古屋大學教育學部紀要　教育心理学科』（29）pp.101-136.
白波瀬佐和子（2009）『日本の不平等を考える――少子高齢社会の国際比較』東京大学出版会
杉浦浩美（2009）『働く女性とマタニティ・ハラスメント』大月書店
杉原名穂子（2011）「個人化する社会と親の教育期待」石川由香里・喜多加実代・中西祐子・杉原名穂子『格差社会を生きる家族』有信堂

下で広がる『女女格差』男に有利な社会は変わっていない――」毎日新聞2005年10月31日夕刊（再録〔2011〕『不惑のフェミニズム』岩波書店）
上野千鶴子（2010）『女ぎらい――ニッポンのミソジニー』（紀伊國屋書店）
上野千鶴子（2012）『みんな「おひとりさま」』（青灯社）
江原由美子（2000）「母親たちのダブル・バインド」目黒依子・矢澤澄子編『少子化時代のジェンダーと母親意識』新曜社
江原由美子（2001）『ジェンダー秩序』勁草書房
海老原嗣生（2012）『女子のキャリア』筑摩書房
衿野未矢（2011）『「子供を産まない」という選択』講談社
遠藤公嗣（2011）「雇用の非正規化と労働市場規制」大沢真理編『ジェンダー社会科学の可能性　第2巻　承認と包摂へ』岩波書店
大内章子（2012）「女性総合職・基幹職のキャリア形成――均等法世代と第二世代とでは違うのか――」『ビジネス&アカウンティングレビュー』（9）pp.107-127. 関西学院大学経営戦略研究科
大沢真理・難波早希（2011）「解題」イエスタ・エスピン゠アンデルセン著（大沢真理監訳）『平等と効率の福祉革命』岩波書店
小笠原祐子（1998）『ＯＬたちの〈レジスタンス〉――サラリーマンとＯＬのパワーゲーム』中央公論新社
小笠原祐子（2005）「有償労働の意味：共働き夫婦の生計維持分担意識の分析」『社会学評論』56（1）pp.165-181.
岡本直子（1999）「親密な他者の存在と成功恐怖の関係について」『教育心理学研究』（47）pp.199-208.
奥山明良（2009）「男女雇用機会均等法の課題――男女雇用平等法制の生成と発展」武石恵美子編著『女性の働きかた』ミネルヴァ書房
小倉千加子（2001）『セクシュアリティの心理学』有斐閣
落合恵美子・山根真理・宮坂靖子（2007）「アジアの家族とジェンダーの地域間比較」落合恵美子・山根真理・宮坂靖子編『アジアの家族とジェンダー』勁草書房
香川めい（2010）「『自己分析』を分析する――就職情報誌に見るその変容過程」苅谷剛彦・本田由紀編『大卒就職の社会学――データからみる変化』東京大学出版会
柏木惠子（2001）『子どもという価値――少子化時代の女性の心理』中央公論新社

参考文献

〔日本語文献〕

青島祐子・関口礼子（2000)「女子学生の進路と就職意識」神田道子・女子教育問題研究会編『女子学生の職業意識』勁草書房
青島祐子（2009)「女子学生とキャリアデザイン」矢澤澄子・岡村清子編『女性とライフキャリア』勁草書房
阿部真大（2006)『搾取される若者たち――バイク便ライダーは見た！』集英社
荒川歩・安田裕子・サトウタツヤ（2012)「複線径路・等至性モデルのＴＥＭ図の描き方の一例」『立命館人間科学研究』(25)pp.95-107.
伊岐典子（2012)『労働政策レポート No.9　女性労働政策の展開――「正義」「活用」「福祉」の視点から』労働政策研究・研修機構
伊岐典子・渡邊木綿子（2011)『資料シリーズ No.105　大企業における女性管理職登用の実態と課題認識――企業人事等担当者及び女性管理職インタビュー調査』労働政策研究・研修機構
池田博和・森田美弥子・栗田順子（1984)「女性性の内的受容に関する研究」『名古屋大學教育學部紀要　教育心理学科』(31）pp.193-209.
石井クンツ昌子（2013)『「育メン」現象の社会学』ミネルヴァ書房
石川由香里（2011)「進学に向けての地域格差とジェンダー格差――背景にあるケア役割への期待」石川由香里・喜多加実代・中西祐子・杉原名穂子著『格差社会を生きる家族』有信堂高文社
伊藤裕子（1996)「女子青年の職歴選択と父母の養育態度」『青年心理学研究』(7）pp.15-29.
井上輝子（2009)「日本の女性学と『性役割』」天野正子ほか編『新編・日本のフェミニズム 3　性役割』岩波書店
上野千鶴子（1985)「おんな並みでどこが悪い」『婦人公論』1985 年 4 月号、中央公論社（再掲、上野千鶴子〔1986〕著『女という快楽』勁草書房）
上野千鶴子（1995)「『恋愛結婚』の誕生」『東京大学公開講座 60　結婚』東京大学出版会
上野千鶴子（2003)「女の戦後文化史――生産と消費の分離を超えて」『岩波講座　近代日本の文化史 10　問われる歴史と主体』岩波書店
上野千鶴子（2005)「フェミニズムはどこへ向かうのか？――ネオリベの

中野円佳（なかのまどか）
1984年東京都生まれ。2007年、東京大学教育学部卒、新聞社入社。2014年、立命館大学大学院先端総合学術研究科修了。東大卒の母親のコミュニティ「東大ママ門」立ち上げ人。

「育休世代《いくきゅうせだい》」のジレンマ　女性活用《じょせいかつよう》はなぜ失敗《しっぱい》するのか？

2014年9月20日初版1刷発行

著　者 ―― 中野円佳
発行者 ―― 駒井　稔
装　幀 ―― アラン・チャン
印刷所 ―― 堀内印刷
製本所 ―― 関川製本
発行所 ―― 株式会社光文社
東京都文京区音羽1-16-6（〒112-8011）
http://www.kobunsha.com/
電　話 ―― 編集部03(5395)8289　書籍販売部03(5395)8116
業務部03(5395)8125
メール ―― sinsyo@kobunsha.com

　ISBN 978-4-334-03816-8

712
近藤先生、「がんは放置」で本当にいいんですか？
近藤誠

がんは本物ともどきに分かれ、手術・抗がん剤・検診は無意味――自らの理論に寄せられた疑問・反論に、著者がズバリ答える。平穏に天寿を全うするために知るべき考え方を指南。

978-4-334-03815-1

713
「育休世代」のジレンマ
女性活用はなぜ失敗するのか？
中野円佳

産休・育休や時短制度が整った今でも、総合職の女性の多くが育休後に退職したりぶら下がりに見えたりするのはなぜか？15人の詳細な語りから明らかになる真実とは。人事部必読。

978-4-334-03816-8

714
論文捏造はなぜ起きたのか？
杉晴夫

STAP細胞事件を機に、81歳の国際的生理学者が日本の歪んだ科学行政に喝！　理研の大膨張、偏った予算配分、学術誌の商業主義、産業界の使用人の研究者…歴史を交え論じる。

978-4-334-03817-5

715
ユダヤ人とクラシック音楽
本間ひろむ

クラシック音楽は、ユダヤ人を抜きにしては語れない――。彼らはいかにして覚醒し、ブレイクスルーするに至ったのか。4つのキーワードを通して、異彩を放ち続ける秘密に迫る。

978-4-334-03818-2

716
日本の地価が3分の1になる！
2020年　東京オリンピック後の危機
三浦展
麗澤大学　清水千弘研究室

全国1730市区町村の「現役世代負担率」から、住宅地価格下落率をシミュレーション。急激に不足する生産年齢人口を補い、日本、そして東京の活力を維持する方法を考える。

978-4-334-03819-9